Karl Emming

Unschuldig unter Tatverdacht

Karl Emming

Unschuldig unter Tatverdacht

Über Risiken und Nebenwirkungen im Ehrenamt

R.G.Fischer Verlag

Die vorliegende Schilderung »Unschuldig unter Tatverdacht« beruht auf einem tatsächlichen Geschehen. Mit Rücksicht auf den Persönlichkeitsschutz aller Beteiligten wurden aber die Namen von Personen, deren Berufsbezeichnungen und Ortsangaben frei erfunden. Die im Buch genannte EGL (Evangelische Gemeinschaft Lebensfreude) gibt es genauso wenig wie den Ort Neudorf in Hessen. Der Autor bittet um Nachsicht, dass er sich zu den jahrelangen Nebenwirkungen seines Ehrenamtes nicht noch weiteren Risiken aussetzen möchte.

Bibliografische Information der Deutschen Nationalbibliothek
Die Deutsche Nationalbibliothek verzeichnet diese Publikation in der Deutschen Nationalbibliografie; detaillierte bibliografische Daten sind im Internet über http://dnb.d-nb.de abrufbar.

Orber Str. 30, D-60386 Frankfurt/Main

Schriftart: Baskerville 12°
Herstellung: RGFC/bf
ISBN 978-3-8301-9807-9

Danke meiner lieben Frau,
meiner ganzen Familie und den Freunden,
die in schwerer Zeit
unbeirrt und wohltuend an meiner Seite gestanden haben

Inhalt

Kapitel 1

Schock und schwere Not

Eine Strafanzeige und ihre Folgen

Donnerstag, 25. März 2010

Es war ein herrlicher Tag. Meine Frau und ich wanderten durch den Rheingau, genossen anschließend das Thermalbad in Wiesbaden und kehrten dann gut gelaunt und fröhlich nach Hause zurück. Im Briefkasten lag die Nachricht: »Einschreiben mit Rückschein« von der EGL (Evangelische Gesellschaft Lebensfreude). Morgen ab 9:00 Uhr auf der Poststelle abzuholen. *Nanu, was wollen die denn so Wichtiges von mir*, fragte ich mich.

In meinem elektronischen Briefkasten fand ich später eine E- Mail: Dringend! Gesprächstermin mit dem EGL-Bezirksleiter, morgen, Freitag 26. März, 9:00 Uhr in unserem Sitzungsraum. Da es unter anderem um Ihre ehrenamtliche Tätigkeit geht und ich in Urlaub fahre, ist eine Verschiebung des Termins nur schwerlich möglich. Gruß Neumann, EGL Neudorf.

Ich sagte meine Freitagstermine ab, denn ich befürchtete, es gäbe wieder einmal im Bezirk ein dringendes Problem, wo meine Dienste gefragt wären. Einen Zusammenhang mit dem bei der Poststelle liegenden Einschreiben kam mir in meiner Arglosigkeit nicht in den Sinn.

Freitag, 26. März 2010, 9:00 Uhr Schockstarre

Kurze und überraschend kühle Begrüßung durch den Bezirks- und den Ortsleiter. Meine heitere Stimmung erhielt den ersten Dämpfer. Und dann ging es auch gleich zu Sache mit der Frage:

Bezirksleiter: *Haben Sie den Brief der EG-Leitung erhalten?*
Ich antwortete: *Nein, den kann ich erst nach unserem Gespräch bei der Post abholen.*
Bezirksleiter: *Dann lese ich Ihnen das Schreiben hiermit vor:*

> Betr.: Anzeige wegen des Verdachts des sexuellen Missbrauchs
> Sehr geehrter Herr Emming,
> hiermit informieren wir Sie, dass wir mit heutigem Datum bei der Staatsanwaltschaft Anzeige gegen Sie wegen des Verdachtes des sexuellen Missbrauchs erstattet haben. Aus diesem Grund ist die Wahrnehmung jeglicher Ehrenämter in der EGL durch Sie mit sofortiger Wirkung nicht mehr möglich. Die Bezirksleitung wird Sie über weitere Schritte informieren.
> Mit freundlichen Grüßen
> EGL-Leitung.

Dann überreichte mir der Bezirksleiter eine Pressemitteilung der EGL, worin beschrieben wurde, dass sie jeden Missbrauchsverdacht zur Anzeige bringe. Als Beispiel wurde ein Mitarbeiter der EGL (natürlich ohne Namensnennung) als

Schuldiger öffentlich an den Pranger gestellt. Auf meine Frage, ob ich mit dieser Veröffentlichung gemeint sei, antwortete er mit »*nein*«. Vertrauensselig wie ich gegenüber der EGL damals noch war, habe ich Dummkopf das auch geglaubt.

Der Inhalt des Briefes traf mich unverhofft und verletzend. Ich spürte, wie mir das Blut in den Adern von Kopf bis Fuß stockte und mein Atem stillstand. Den Tritt eines Fußballers in meine Magengrube hätte ich in diesem Moment bestimmt als angenehmer empfunden als den plötzlich einsetzenden Krampf. Meine auf dem Tisch liegenden Hände krallten sich so fest zusammen, dass die Knöchel die gleiche totenbleiche Farbe annahmen, wie ich sie in diesem Augenblick auch in meinem Gesicht vermutete. Von Ferne hörte ich die Stimme des BL: *Ich wiederhole noch einmal nachdrücklich das sofortige Verbot jeglicher weiterer Tätigkeit in und für unsere Gesellschaft.*

Ich atmete drei Mal kräftig ein und aus, wie ich es auf beruflichen Lehrgängen für schwierige Situationen gelernt hatte. Mein Blut begann wieder langsam zu zirkulieren und mein Hirn erwachte aus der Schockstarre.

Ich frage: *Was wird mir eigentlich konkret vorgeworfen, welches Tatgeschehen hat diese schwerwiegende, aber nichtssagende Anzeige als Grundlage?*

Antwort: *Können wir Ihnen nicht sagen.*

Ich frage: *Aus welcher Quelle oder Geschäftsstelle stammt diese Anzeige?*

Antwort: *Können wir Ihnen nicht sagen.*

Ich frage: *Ich habe niemals in meinem Leben sexuellen Missbrauch begangen!*

Antwort: *Das sagt jeder!*

Ich frage: *Und was kann ich jetzt gegen diese völlig absurde Anzeige unternehmen?*
Wie soll ich meine Unschuld beweisen, wenn ich von Ihnen noch nicht einmal erfahre, was mir da eigentlich zur Last gelegt wird?

Antwort: *Die Staatsanwaltschaft wird sich mit Ihnen in Verbindung setzen.*

Ich frage: *Wann wird das sein?*

Antwort: *Können wir Ihnen nicht sagen, warten Sie es ab.*

Ich frage: *Und was mache ich mit meinen verschiedenen Verpflichtungen im Bezirk, die ich bereits verbindlich zugesagt habe?*

Antwort: *Sie haben doch gerade gehört, ab sofort, d.h. ab heute 9:15 Uhr, haben Sie absolutes Verbot einer Betätigung. Wann ist ihr nächster Termin?*

Ich sage: *Nächste Woche am Freitag und Montag.*

Antwort: *Gut, das regeln wir, ihr Ortsleiter und ich. Die restlichen Engagements und Veranstaltungen sagen Sie selber ab. Lassen Sie sich eine gute Begründung einfallen, denn eins muss sichergestellt sein: Die absolute Vertraulichkeit der Angelegenheit. Wir wollen keine Unruhe stiften. So, das war es. Wenn Sie Hilfe brauchen, wenden Sie sich an Ihren Seelsorger.*

Mit einem frostigen *Auf Wiedersehen* verließen die beiden »Leiter« den Raum. Zurück blieb ein Häuflein Elend. Freude und Leid liegen oft sehr nahe beieinander. In einem

Moment ist die Welt noch in Ordnung, im nächsten Augenblick aber kann es passieren, dass man in einen tiefen Abgrund stürzt.

Mich würgte es im Hals. Ich kniff mir kräftig in beide Oberschenkel in der Hoffnung, ich würde aus einem bösen Traum erwachen. Aber die Realität grinste mich aus allen Ecken des Raumes so vielsagend an, als wüssten sie bereits, welch üble Folgen noch auf mich zukommen würden.

Über 35 Jahre lang habe ich vielfältige ehrenamtliche Tätigkeiten in Neudorf und den umliegenden Orten gerne und mit Erfolg ausgeübt. Das alles wurde mit einem Schlag weggefegt und zerplatzte plötzlich wie eine Seifenblase. Und man weigert sich als Zugabe auch noch, mir den Grund, die Ursache dieser ungeheuerlichen Beschuldigung zu nennen. Ich spürte es deutlich, wie da etwas Fundamentales in mir zusammenbrach, etwas, was über Jahrzehnte gewachsen war und das man so schnell nicht mehr heilen konnte, wenn überhaupt. Vertrauen ist ein zartes Pflänzchen, und wenn es einmal mutwillig zerstört wurde, wächst es nur sehr schwer wieder nach.

Das war der Beginn einer langwierigen persönlichen Belastung, die über drei Jahre andauern sollte. Sexueller Missbrauch während meinen geliebten ehrenamtlichen Tätigkeiten, das war wohl das Letzte, was man mir vorwerfen konnte und vorwerfen durfte. Und dazu noch in dieser verächtlichen, unangemessenen und entwürdigenden Form! Am schlimmsten war für mich jedoch die Verweigerung einer Auskunft, was mir überhaupt zur Last gelegt wurde, denn damit entzog man mir jede Möglichkeit zur Stellungnahme und Aufklärung, obwohl diese in den Satzungen der EGL ausdrücklich festgeschrieben waren.

In meinen rund 40 Berufs- und 70 Lebensjahren habe ich manche Höhen und Tiefen, Erfolge und Misslichkeiten erlebt und Rück- und Nackenschläge verkraften müssen. Das gehört zu einem engagierten Leben und Berufsleben dazu. Aber eine solche Demütigung und Erniedrigung, wie ich sie hier aus frommen Kreisen hinnehmen musste, das hatte ich bisher nie erfahren und nie erleben müssen. Gott sei Dank!

Offenbar hatte die Ordensschwester Mutter Teresa recht, als sie sehr weise sagte, dass das Gute, das man tut, morgen vergessen sein wird. Man sollte es trotzdem tun.

Und der Liederdichter Matthias Claudius schreibt dazu: *Tue das Gute und bekümmere dich nicht, was daraus werden wird. Tue das Gute, und das wolle von ganzem Herzen.*

Korrektur einer falschen Vorstellung

Das Bild vom verirrten, aber unschuldigen Schaf tauchte vor meinen Augen auf. Das wurde von seinem verantwortungsbewussten Hirten gesucht, gefunden, liebevoll in den Arm genommen und zurück in die Gemeinschaft seiner Herde geführt. Das zeigt uns, wie liebevoll Gott mit uns Menschen handelt und ist zugleich ein Vorbild dafür, wie Menschen ihre Mitmenschen behandeln sollten. Aber diese beiden soeben erlebten »Hirten« der christlichen EGL kennen die Bedeutung der Geschichte vom Guten Hirten offenbar nicht. Sie haben mir, dem hilfsbedürftigen Schaf, nicht geholfen, haben mich nicht zur Herde zurückgeführt. Sie taten genau das Gegenteil. Beide Hirten haben dem unschuldigen Schaf noch kaltblütig ins Hinterteil getreten, damit es erst richtig in einen Wust von Schwierigkeiten hineingerät. Und was ist das »rühmliche« Resultat dieser Handlung?

Die EGL hat anstelle Frieden zu stiften, wie es eine ihrer Aufgaben ist, den Unfrieden gesät. Statt den Weg der Hilfsbereitschaft und der Nächstenliebe zu fördern, hat sie einen seit vielen Jahren für sie engagierten Mitarbeiter und seine Familie auf den Weg zur Hölle geschickt. Ich fühlte mich verraten und verkauft, denn so ein herzloses und schädigendes Verhalten habe ich seitens der EGL nie für möglich gehalten und in meinen zahlreichen Vorträgen und Ansprachen auch stets angeprangert und abgelehnt. Dieses Benehmen bleibt mir bis heute noch völlig unverständlich.

Schneller jedoch als es sich liest, kehrte ich zurück in die Welt der harten Tatsachen. Ich löste mich von meinen Gedankengängen und stemmte mich langsam von meinem Stuhl hoch in die Senkrechte. Unsicheren Schrittes ging ich mit hängendem Kopf und Schultern wie ein geprügelter Hund zur Ausgangstür. Doch bevor ich ins Freie trat, straffte ich meinen Körper. Kopf hoch, Brust raus, Schultern runter und nach hinten gezogen, nur keine Schwäche zeigen. Das Triumphgefühl, einen Sünder zur Strecke gebracht zu haben, das gönnte ich den zwei Hiobsboten, die noch auf dem Parkplatz standen, nun wahrhaftig nicht! Wortlos verließ ich das Gelände.

Nachtrag zu dieser Begegnung der besonderen Art: Von den Nutznießern meiner langjährigen ehrenamtlichen Tätigkeiten hörte ich weder ein Wort der Verwunderung über den Inhalt dieser Anzeige noch ein Wort des Bedauerns oder gar des Mitgefühls, obwohl beide mich schon jahrelang gut kannten. Da hatte ich wohl falsche Vorstellungen vom Führungs-Personal in einer christlich geprägten Einrichtung entwickelt. Das hat nun leider eine nachhaltige Korrektur erfahren müssen. Menschen, die bedenkenlos nach oben buckeln anstatt sich couragiert, verantwortungsbewusst und aufrecht neben einen offensichtlich zu Unrecht beschuldigten Mitarbeiter zu stellen, die verlieren in meinen Augen alle Achtung und Beachtung. Sie demaskieren ihr frommes Erscheinungsbild und werden für den Betroffenen zu Wölfen im Schafspelz. In der Bibel werden solche Leute abschätzig als »Mietlinge« bezeichnet. (Johannes Kap.10, V 12)

Erste Fehlentscheidung und ihre Folgen

Ich ging zur Poststelle und holte den avisierten Brief ab. Die Frau am Schalter sagte: *Einschreiben mit Rückschein*, das ist recht selten und muss etwas ganz Besonderes sein. Wahrscheinlich eine Beförderung. Stimmt genau, bemerkte ich. Ich war gerade tatsächlich befördert worden, aber diese Art der Beförderung musste ich erst einmal verkraften. Der guten Frau war entgangen, dass ich sehr bleich war, feuchte Augen hatte und meine Hände beim Unterschreiben der Empfangsbestätigung zitterten.

Auf dem Weg nach Hause quälten mich heiß und eiskalt zugleich die Fragen:

Wie sage ich das meiner Frau, ohne dass es sie umhaut?

Wie sage ich das meinen beiden Töchtern?

Wie wird mein Schwiegersohn im Bezug auf meine drei Enkelkinder reagieren?

Wie wird man in der Großfamilie, im Freundeskreis und bei unseren Patenkindern oder in der Gemeinde reagieren?

Leider kam ich zu dem naiven und gutgläubigen Entschluss: Am besten wird sein, den Kindern, Verwandten und Freunden von der Angelegenheit nichts zu sagen. Ich war der festen Überzeugung, dass diese Anzeige von der Staatsanwaltschaft in Kürze als haltlose Böswilligkeit eines offensichtlich gestörten Menschen ermittelt und als Irrtum festgestellt würde. Spätestens, wenn ich selbst zu dem Inhalt der Anzeige befragt würde und meine Unschuld nachweisen könnte, würde sich alles klären. Dann könnte ich im Nachhinein immer noch im Familien- und Freundeskreis erzählen, was mir da passiert war.

Dieser Entschluss war ein schwerer Irrtum. Ich hätte wissen müssen, dass so ein Ereignis nicht stillschweigend über die Bühne gehen kann, zumal ich zu diesem Zeitpunkt noch gar nicht wusste, wer meine Gegner waren und wer mich als Opfer auserkoren hatte. Und ich hätte wissen müssen, dass die Zeitvorstellungen eines Laien und die Realitäten im viel beschäftigten Beamtenapparat der Justiz weit auseinanderlaufen.

Feuer in der Hütte

Meine Töchter haben doch erfahren, dass da etwas merkwürdig Unerfreuliches »im Busch« war, dazu noch aus unerwünschter Quelle. Und der Zeitpunkt konnte auch nicht unpassender sein, denn wir saßen auf gepackten Taschen und wollten am nächsten Morgen zu einer großen Radtour starten.

Machen wir einen kleinen *Zeitsprung* nach vorne, auf Freitag, 18. Juni 2010, 20:30 Uhr

Das Telefon klingelt. Unsere jüngere Tochter rief an. (Zitate aus meiner Gesprächsnotiz)

Tochter	*Schönen Gruß von Tina Coch. Denkst du jetzt an das Gleiche wie ich?*
Mutter	Verlegenheitspause. Meine Frau schaltete schnell. Sie gab sofort ausführliche Informationen über den Inhalt der Strafanzeige und der inzwischen herausgefundenen Verursacherin. Und sie lieferte natürlich auch die Begründung, weshalb wir unsere Töchter noch nicht informiert hatten.
Tochter	*Ich habe zwei Mails von Tina Coch auf meinem Computer im Büro erhalten und bin nun total verwirrt und verunsichert. Wenn ein solch schwerwiegender Vorwurf erhoben wird, dann frage ich: »Was steckt dahinter?« Wo Rauch ist wird auch ein Feuer sein. Ich weiß wirklich nicht, was ich von der Sache halten soll.*
Mutter	Im Kopf meiner Frau schrillten zum Glück alle Alarmglocken.

Wir kommen am morgigen Samstag zu dir und werden in einem persönlichen Gespräch alles erklären und dir die schriftlichen Unterlagen und Protokolle vorlegen.

Tochter *Ich habe die beiden Mails und die darin enthaltenen Angebote zu einem Treffen und Gespräch nicht beantwortet und auch zu den erhobenen Vorwürfen keine Fragen gestellt. Ich hatte mit diesem Mädchen nie eine persönliche Beziehung oder gar freundschaftliche Kontakte. Diesbezügliche Angaben von ihr in den Mails sind reine Fantasieprodukte.*

Wir führten daraufhin umgehend auch ein aufklärendes Gespräch mit unserer zweiten Tochter und unserem Schwiegersohn. Sie waren entsetzt, zeigten jedoch viel Verständnis für unser Schweigen und großes Befremden gegenüber den handelnden Personen.

Die gebuchte Radtour fiel natürlich ins Wasser. Urlaub ade, Kosten ade, Vorfreude ade. Wenn Feuer in der Hütte ist, muss sofort gehandelt werden, koste es, was es wolle! Ein gutes Vertrauen innerhalb der Familie zu erhalten und zu festigen ist für uns ein so kostbares Gut, dass dafür jedes Opfer gerechtfertigt ist.

Zurück in die Gegenwart vom Freitag, 26. März 2010

My home is my castle! Denkste!

Endlich war ich nach dem Schock im Büro der EGL und dem Besuch im Postamt wieder zu Hause angelangt. Als hinter mir die Haustür ins Schloss fiel, da begriff ich die Bedeutung des Wortes: »My home is my castle«. All das, was mir übel gesonnen war, was mir das Leben in der letzten Stunde schwer und gallig gemacht hatte, das musste nun hinter mir und draußen bleiben. Wie sehr ich mich auch hierbei geirrt habe, das rückte mir erst einige Zeit später voll ins Bewusstsein. Meine Feinde waren nämlich mit mir ins Haus gelangt, unsichtbar und versteckt unter meinem spärlichen Haarwuchs, in meinem Denkapparat und in meiner Seele.

Du bist ja schon wieder da, hörte ich meine Frau aus dem Wohnzimmer rufen. Und dann: *Mein Gott, wie siehst du denn aus? Du machst ein Gesicht wie die Katze wenn es donnert.* (Sie meinte damit, ich würde sehr unglücklich dreinschauen) *Ist dir nicht gut*? Ich sah, dass sie in einem Sessel saß, und das war gut so, da konnte sie nichts umwerfen. Wortlos reichte ich ihr das Schreiben der EGL, schlurfte zum Wandschrank, holte zwei Gläser heraus und füllte sie ordentlich mit spanischem Weinbrand. Inzwischen hatte sich die Gesichtsfarbe meiner Frau der meinigen angepasst. Wir kippten unseren Weinbrand rasch hinter die Zähne. Ich kam mir schrecklich elend und erbärmlich vor und wollte den Glasinhalt nicht mit meinen salzigen Tränen verwässern.

Das hatte es in meinen fast 50 Ehejahren noch nicht gegeben. Der Ehemann sitzt vor seiner Frau im Zimmer und heult, vor Wut, vor Hilflosigkeit und maßloser Enttäuschung. In meinen Gedanken fixierte sich der Satz: Das, was mir heute von der EGL zur Last gelegt wurde, das ist der absolute Tiefpunkt in meinem Leben, das ist ein Alptraum, den meine Frau und ich nun gemeinsam durchleiden, durchleben und bewältigen müssen. Doch als Optimist und aus meinen Lebenserfahrungen heraus wusste ich, dass nach einem Tiefpunkt immer wieder auch ein Hoch kommt, dass auch nach einer finsteren Nacht die Sonne wieder aufgeht, dass so ein Unbill nicht ewig dauern kann und irgendwann zu einem guten Ende kommt. Es fragte sich nur *wann* das sein würde!

Der milde Weinbrand beruhigte meinen erneut rebellierenden Magen. Die zugeschnürte Kehle entspannte sich, der dicke Kloß im Hals wurde langsam kleiner und meine Augen trockneten. Meine Blockade ging langsam zurück und das Gehirn versuchte erneut, das unfassbare Geschehen doch noch zu begreifen: Guter Gott, was geht hier vor? Wozu soll das denn gut sein? Was hat das für einen Sinn? Und vor allem stand die Frage im Raum: Wer oder was steckt hinter dieser völlig absurden Anzeige? Wir hatten nicht die geringste Idee. Aber anstatt nun ergebnislos zu grübeln und sich Sorgen zu machen, kam uns der Gedanke, doch bei dem Unterzeichner der Strafanzeige anzufragen und um die fehlenden Informationen zu bitten.

Noch ein Denkfehler

Der Anzeigenschreiber müsste doch das Wissen haben, mein Gedankenkarussell und die quälende Ungewissheit aufzulösen. Ich rief umgehend und hoffnungsvoll in der EGL-Rechtsabteilung an und bat die betreffende Person sehr höflich, mir aus meiner Grübelei und Hilflosigkeit heraus zu helfen.

Ich:	*Wer oder was hat die EGL von einem angeblichen Missbrauch meinerseits informiert und sie davon überzeugt?*
Antwort:	*Das kann ich ihnen nicht sagen.* (Im Sinne von *das darf* ich nicht sagen!)
Ich:	*In welchem Bereich meiner ehrenamtlichen Tätigkeiten soll denn etwas Derartiges vorgefallen sein?*
Antwort:	*Das kann (darf) ich Ihnen nicht sagen.*
Ich:	*Bei welcher Staatsanwaltschaft haben Sie die Anzeige eingereicht?*
Antwort:	*Das kann ich ihnen nicht sagen.*

(Wie unsinnig diese Frage und wie aberwitzig dumm die Antwort war, bemerkte ich erst später, denn in dem Brief der EGL an mich war diese Staatsanwaltschaft ja genannt, aber von mir in der Aufregung übersehen worden.)

Meine Stimme wurde lauter, denn dieses stereotype Geseiere auf meine Fragen hatte mich schon am Vormittag bei dem Gespräch mit dem Bezirksleiter genervt.

Ich verlange von Ihnen endlich Auskunft darüber, was mir konkret zur Last gelegt wird. Und ersparen Sie mir bitte diese nichtssagenden Antworten. Davon habe ich heute schon genug gehört.

Antwort: *Sie sollten wissen, dass ein Missbrauch immer im Zusammenhang mit Kindern steht.*

Ich: *Na Gott sei Dank, mit Kindern habe ich nun wirklich nichts am Hut!*

Antwort: *Da liegen uns aber andere Erkenntnisse vor. Auf Wiederhören!*

Peng! Das Gespräch war beendet.

Die EGL-Rechtsabteilung, dein Freund und Helfer? Noch so ein Denkfehler eines zu vertrauensseligen Menschen. Mir fiel spontan ein Wort aus meiner Spruchsammlung ein: *Es gibt einen Unterschied zwischen Schweigen und Verschweigen. Das bewusste Verschweigen beruht auf Unwahrheit, Täuschung und Verschleierung.*

Was wollte man in meinem Fall ganz offensichtlich verschleiern? Die Wahrheit würde über kurz oder lang doch ans Licht kommen. Eigentlich sollte man annehmen, dass ein christlicher Organisationsträger diese Tatsache kannte und sein Verhalten danach ausrichtete. Pustekuchen, das war auch so ein Trugschluss.

Die Bibel kennt offenbar die schlimmen Auswirkungen, die eine unbegründete Anschuldigung und Informationsverweigerung für den Betroffenen nach sich zieht. Darum wird in Lukas Kap.17, Verse 3 + 4 sinngemäß nachdrücklich gesagt: *Achtet besonders darauf: Wenn ihr meint, dass ein Mann oder eine Frau aus eurer Mitte etwas Schlimmes getan haben, dann sagt ihnen,* ***was*** *sie verkehrt gemacht haben bzw. verkehrt gemacht haben sollen. Informiert sie darüber, was ihnen vorgeworfen wird und redet mit ihnen. Lasst die Beschuldigten zu Wort kommen und ihren Standpunkt darlegen. Dann erst sollt ihr weitere Schritte einleiten.*

Die Dachorganisation aller EGL-Gesellschaften in Deutschland (EGLD) formulierte es sehr ähnlich in ihrer von allen Landesleitungen akzeptierten Broschüre »*Grundsätze für das Vorgehen bei Konflikten und Beschuldigungen von fest angestellten oder ehrenamtlichen Mitarbeiterinnen und Mitarbeitern vom März 2010, überarbeitet im Juni 2012:* ***Vor*** *der Erstattung einer Anzeige muss der/dem Beschuldigten die Gelegenheit gegeben werden mündlich oder schriftlich eine Stellungnahme abzugeben. Eine Nichtgewährung ist eine Verletzung der Fürsorgepflicht und kann Forderungen auf Schadenersatz nach sich ziehen.*

Diese einfache und unmissverständliche Regelung ist in meinem Fall auf allen Ebenen der EGL offenbar bewusst missachtet worden. Es ist zu befürchten, dass da mehr als eine kollektive Vergesslichkeit von leitenden Angestellten die Ursache war. Mir scheint vielmehr, dass eine zielgerichtete Meinungsmanipulation das Handeln beeinflusst hat. Aber warum und von wem?

Ein kluger Psychologe hat recht, wenn er feststellt: Kaum etwas ist so tiefgreifend verletzend wie das Gefühl: Ich gehöre nicht mehr dazu. Man hat mich grundlos aus einer langjährigen Zugehörigkeit und Gemeinschaft ausgeschlossen. Aus meinem persönlichen Erleben konnte ich diese Erkenntnis nun leider vorbehaltlos bestätigen. Aber das interessierte seitens der EGL niemanden.

Wochenende. 27./28. März 2010 Die Gedanken fahren Karussell.

In meinem Kopf schwirrten die Gedanken wie ein aufgescheuchter Bienenschwarm herum und ließen mich nicht zur Ruhe kommen. An Schlaf war nicht zu denken. Wie ein Kreisel drehte sich Tag und Nacht das Gehirn immer um die gleichen Fragen:

Wer könnte aus meinen langjährigen und weitläufigen Tätigkeiten auch nur ansatzweise einen Grund haben, mich derartig zu beschuldigen und zu verunglimpfen?

Wem würde ich es zutrauen, mir so bösartig und vernichtend schaden zu wollen?

Und viele weitere Fragen gesellten sich immer wieder neu hinzu.

Doch neben den schweigenden EGL-Mitarbeiterinnen und Mitarbeitern gab es noch eine zweite Möglichkeit Antwort auf unsere quälenden Fragen zu finden.

Die Staatsanwaltschaft hilft weiter

Montag, 29. März 2010

Die Anzeige war bei der zuständigen Staatsanwaltschaft eingereicht worden. Meine Frau und ich fuhren zum Gericht, fanden dank der hilfsbereiten Unerstützung der Damen an der Zugangskontrolle die zuständige Stelle und baten dort um Einsicht in die frisch angelegte Akte. Während der kurzen Wartezeit tröstete uns ein anderer Besucher im Flur mit der netten Bemerkung: *Haben Sie keine Angst. Hier gilt immer noch der alte römische Rechtsspruch: In dubio pro reo, im Zweifelsfall für den Beschuldigten. Ich bin unschuldig*, erwiderte ich. *Umso besser für Sie,* kam die Reaktion, *dann kann Ihnen ja nichts passieren. Viel Glück,* und damit verschwand er um die Ecke des Flures. War es vielleicht ein Engel, der da zu mir gesprochen hatte? Ich hätte seine Worte mehr beachten und beherzigen sollen, das hätte uns viel Kummer erspart.

Eine sehr freundliche und verständnisvolle Staatsanwältin empfing uns. Nach kurzer Erklärung, warum wir gekommen waren, reichte sie uns die Akte zur Einsichtnahme. Sie umfasste erwartungsgemäß nur zwei Blätter der EGL mit folgendem Text:

Heute hat uns Frau Tina Coch (es folgte die Anschrift) folgenden Sachverhalt zur Kenntnis gebracht: In der Zeit von 1983 bis 1989 wurde Herr Emming im Anschluss an die regelmäßigen Veranstaltungen der Sonntagsschule in Neudorf sexuell übergriffig.

Frau Coch erklärte, zum damaligen Umfeld könne ihr **Vater,** der ehemalige Leiter der EGL in Neudorf, Herr Altmann, Auskunft geben. Sie war zum vermutlichen Tatzeitpunkt zwischen sechs und elf Jahre alt. Frau Coch befindet sich seit zehn Jahren kontinuierlich in psychiatrischer Behandlung. Frau Coch konnte ihre Erlebnisse nicht mündlich formulieren. Sie notierte daher die Übergriffe auf anliegendem Papierstück. Mit weiteren Opfern ist zu rechnen! Titel und Unterschrift der EGL

Das erwähnte anliegende Papierstück war ein handgeschriebenes DIN A5-Blatt ohne Datum und Unterschrift und enthielt folgende »bedeutungsvolle« aber nichtssagende Beschreibung der angeblichen Missetaten in den Stichworten:

- es geschah im Abstellraum im Gemeindehaus, – Aftershave-Geruch, Seife,
- mal mehr, mal weniger sonntags, und weitere ähnlich »überzeugende« Tatmerkmale.

Ich reichte die Akte zurück und meinte dazu: *Bitte entschuldigen Sie mein Erschrecken. Die Anzeige haut mich innerlich um. Siebzehn Jahre lang habe ich mit dem Vater der Anklägerin kollegial und freundschaftlich in einem Gremium mit zehn anderen Personen in verantwortlicher Position zusammengearbeitet. Und nun, nach dreißig Jahren, tritt er plötzlich als Zeuge gegen mich auf zu einem Tatgeschehen, das ich abgrundtief verabscheue und niemals begangen habe und auch nie begehen könnte. Was kann ich tun, um meine Unschuld zu beweisen?*

Nach dem bestehenden Recht müssen wir ein Ermittlungsverfahren einleiten und von beiden Seiten entsprechende Zeugen vernehmen. Und wenn Sie nichts getan haben, werden wir das feststellen, sagte uns die Staatsanwältin. *Leider nimmt die Zahl der »Trittbrettfahrer« im Bereich der Missbrauchsfälle in letzter Zeit stark zu. Das sieht man schon daran, dass die Anzahl der Missbrauchsanzeigen sehr stark ansteigt, die Zahl der tatsächlich verurteilten Fälle jedoch ziemlich konstant bleibt.*

Woran mag diese erschreckende Differenz wohl liegen, wollte ich gerne wissen.

Einmal, weil man versucht, sich mit falschen Anzeigen finanzielle Vorteile zu verschaffen, andere Beweggründe sind z.B. die Geltungssucht weil man auch einmal in Presse oder gar Fernsehen genannt werden möchte, Rachsucht, abreagieren von Kränkungen, Wut und manch anderes mehr, antwortete sie.

Mein Kommentar dazu: *Ich habe noch nicht die geringste Vorstellung davon, was diese Strafanzeige für einen Hintergrund oder Sinn haben soll. Aber ich nenne Ihnen gerne Personen oder Personengruppen, mit denen ich schon seit Jahrzehnten in der EGL zusammen arbeite und die mich auch aus der Zeit meiner Kinder- und Jugendarbeit gut kennen.*

Als wir uns kurze Zeit später verabschiedet und den Raum verlassen hatten, eilten wir erst einmal in die Toilettenräumlichkeiten. Das kalte Wasser im Gesicht und an den Armen brachte uns wieder auf eine normale Körper- und Denktemperatur zurück. Kopfschüttelnd setzten wir uns verwirrt und ratlos auf eine der Fensterbänke im Flur. Es war unfassbar, was mir da vorgeworfen wurde. Ich war der Überzeugung, dass der Vater überhaupt nicht wusste, was seine Tochter da angezettelt hatte. Leider musste ich einige Zeit später erneut einen Denkfehler eingestehen, als ich eines Besseren belehrt wurde. Langsam begann mein Selbstbewusstsein zu zerbröseln, bei so vielen Fehlschlägen meiner Menschenkenntnisse.

Meine Frau und ich gingen zunächst einmal ziellos durch die Stadt, um uns abzureagieren, aber dann doch sehr gezielt in ein Restaurant, um etwas Gutes zu essen. Das half uns eigentlich immer, die wirren und emotionalen Gedankengänge bei auftretenden Problemen etwas zu ordnen und zu kanalisieren.

Anmerkungen: Wenn man bedenkt, dass Frau Coch mit leitenden Personen der EGL vorab bereits seit November 2009 mehrmals stundenlange Gespräche über ihre Leiden und den plötzlich von ihr neu entdeckten Missbrauch geführt hat, dann muss man die Frage aufwerfen, was die EGL wohl dazu veranlasst hat, erst im April 2010 Anzeige zu erstatten.

Interessanterweise wurde Frau Coch lt. Pressemeldungen Anfang 2010 als ein von der EGL anerkanntes Opfer der Kuraufenthalt in einer traumtherapeutischen Klinik ermöglicht und bezahlt. Seitens der Krankenversicherung wurde ein diesbezüglicher Aufenthalt abgelehnt und auch keine Kosten übernommen. Versucht die EGL etwa deshalb mit allen Mitteln einen Täter für das angebliche Opfer zu finden, um die geleisteten Zahlungen intern zu rechtfertigen?

Eines muss man Frau Coch anerkennend zugestehen: In den zehn Jahren ihrer psychischen Behandlungen und in diversen Kuraufenthalten hat sie eine Menge darüber gelernt, wie man Leute erfolgreich mit Intelligenz und schönen Worten beeindrucken und manipulieren kann.

Merkwürdige Familienbande

Fieberhaft versuchten meine Frau und ich zurückzublicken und uns an die Kinder- und Jugendarbeit in Neudorf in der Zeit nach 1980 zu erinnern. Begonnen hatte ich damit 1971. Der damalige Leiter hatte mich darum gebeten, seine Sonntagsschule weiterzuführen und auszubauen. Er wusste, dass ich von früher schon jahrelange Erfahrungen als Leiter eines Jugendkreises hatte und zusätzlich noch Kenntnisse aus der Sonntagsschularbeit in der Schweiz mitbrachte.

Jeden Sonntag kamen während meiner Zeit ca. 20–25 Kindern zwischen fünf und zwölf Jahren zusammen. In den ersten Jahren war ich alleine verantwortlich. Später, ab 1981, musste ich aus beruflichen Gründen und wegen meiner zunehmenden sonstigen Engagements die Kinderarbeit auf nur noch einen Sonntag pro Monat reduzieren.

Nun stand die Frage in Kopf und im Raum: Wann habe ich eigentlich die Sonntagsschul-Arbeit wieder beendet? Aus Sitzungsprotokollen und vor allem aus den im April 2010 bei einer lieben Mitstreiterin und Freundin aufgetauchten Dienstplänen von damals konnte man zweifelsfrei ersehen, dass mein letzter Einsatz mit Datum 16. Januar 1983 dokumentiert ist.

Aus den protokollierten Aussagen der angeblich Geschädigten und der Anzeige der EGL ging eindeutig hervor, dass die angezeigten Missbrauchshandlungen erst nach meinem Ausscheiden aus der Kinderarbeit begonnen und dann auch noch jahrelang angedauert haben sollen. Nach den vorliegenden Dienstplänen und meinen Dokumentationen der Aktivitäten an anderen Orten war ein Tatgeschehen schon zeitlich gar nicht möglich gewesen. Dies war jedoch weder den Eltern noch bei deren Befragungen durch die Kripo aufgefallen. Oder sollten diese handfesten Beweise meiner Unschuld bei den Ermittlungen ganz bewusst nicht bemerkt und protokolliert worden sein?

Der größte Hammer oder Jammer ging ebenfalls aus den Dienstplänen hervor! Die Mutter der angeblich Geschädigten, nämlich Frau Altmann, leitete bereits seit 1981 die Sonntagsschule gemeinsam mit zwei weiteren Damen und mir, ab 1983 ohne mich. Auch diese aufregende Tatsache haben weder die Tochter noch Frau Altmann oder ihr Mann auch nur mit einem Wort bei den Ermittlungen erwähnt!

An jedes uninteressanten Detail, das mit der Aufklärung der angezeigten Tat gar nichts zu tun hat, konnten sich die Befragten gemäß diverser Protokolle erinnern, aber an diese einige Jahre dauernde wichtige Tätigkeit in der Kinderarbeit erinnert sich angeblich niemand in der Familie Altmann / Coch. Kann eine so vielköpfige Familie in ihrem Gedächtnis wirklich zur gleichen Zeit in einer bestimmten Sache derartig kollektiv Lücken und Ausfälle aufweisen oder erzeugen? Ich nenne das ein gewissenloses Handeln zu Lasten eines Unschuldigen.

Allein die Tatsache der Sonntagsschularbeit von der Mutter während der angeblichen Tatzeit hätte die Grundlage der Strafanzeige in Frage gestellt und das ganze Lügengebäude zum Einsturz gebracht. Doch das sollte und durfte, aus welchen Gründen auch immer, nicht sein. Schließlich benötigte die EGL für den Opfer-Nachweis ja noch immer einen Täter.

Hier bekam ich den ersten Eindruck davon, mit welchen schamlosen »Gegnern« man es zu tun bekommen kann, wenn jemand einen Ehrenamtlichen grundlos beschädigen will. Und niemand von den Verantwortlichen und Beteiligten auf der »Arbeitgeberseite«, hier der EGL, hat den Mumm aufgebracht, auch nur ein Wort oder wenigstens eine Frage zugunsten des Beschuldigten auszusprechen. Das ist eine sehr schmerzhafte Lehre, die man da erfahren und innerlich verarbeiten muss, gepaart mit einem massiven Vertrauensverlust.

Der Vater der angeblich Geschädigten, war fast zwei Jahrzehnte lang in Neudorf tätig gewesen. In dieser Zeit war ich Mitglied des Leitungsgremiums und meine Frau arbeitete in all diesen Jahren ein bis zwei Mal pro Woche als Sekretärin im Büro der Geschäftsstelle. Niemals ist in dieser langen Zeit auch nur die leiseste Andeutung eines Missbrauchs der Tochter gemacht worden. Logisch, es gab ja auch keinen.

Nach dem Wegzug aus Neudorf hat die Familie Altmann den mit ihnen bekannten oder befreundeten Mitgliedern, darunter auch uns, angeboten, sie zu duzen, da die offizielle Amtszeit in unserem Ort nun vorüber sei. Danach gab es gelegentlich Einzel- und auch Gruppenbesuche an ihrem neuen Wohnort. Auch zu den Hochzeiten der drei Söhne wurden Bekannte aus Neudorf, darunter auch wir, eingeladen. Merkwürdigerweise erfuhr jedoch niemand im Ort etwas von der Hochzeit der Tochter. Man habe einigen Kummer mit ihr, erklärt Frau Altmann einmal bei einem Kaffeekränzchen im Freundeskreis. Daher wurde das Thema

»Tochter« lange Zeit nicht angesprochen. Auch nicht als deren Kinder auf die Welt kamen.

Zu dem unfreundlichen Akt der EGL kam nun der unfreundliche Akt der Familie Altmann hinzu. Sie hat billigend zur Kenntnis genommen, dass die Tochter eine Strafanzeige initiiert hat, obwohl sie wusste, dass die vorgebrachten Anschuldigungen gar nicht stimmen konnten. In den Ermittlungsprotokollen sind auch keine Angaben enthalten, welche die Aussagen ihrer Tochter Tina bestätigen könnten.

Es ist verständlich, dass Eltern ihren Kindern beistehen, wenn sie etwas ausgefressen haben. Das habe ich bei meinen eigenen Kindern ebenso praktiziert. Aber wenn es um falsche Anschuldigungen geht, die einen langjährigen Mitarbeiter und Freund in seinem Ansehen und in seinem sozialen Umfeld schwer schädigen, ihn finanziell ruinieren oder sogar unschuldig ins Gefängnis bringen können, dann muss jedes elterliche Verständnis an seine Grenze kommen. Dann muss auch der eigenen Tochter ein Stopp entgegen gehalten werden. Dann muss man nach geeigneten Lösungswegen suchen und nicht einfach Lügengeschichten in die Welt setzen. Das ist für eine so angesehene Familie völlig unwürdig. Da dieses Stopp gegen besseres Wissen jedoch leider nicht erfolgt ist, sondern die Unwahrheit noch weiter ausgesponnen wurde, ist zu befürchten, dass die Anzeige erstattet und unterstützt wurde, um damit unlautere Ziele zu erreichen, die mit dem Beschuldigten selbst gar nichts zu tun haben. Aber welche?

In diesem Zusammenhang ist es bemerkenswert, dass seitens der Staatsanwaltschaft zwar die Befragung der drei

Söhne und naher Verwandte der Altmanns vorgegeben war, diese jedoch bei den Ermittlungen nie befragt wurden. Fürchtete man, dass deren Aussagen mehr der Wahrheitsfindung als deren Verschleierung dienen könnten? Und vor allem stellt sich damit die Frage, wer oder was eine Befragung wohl verhindert hat?

Bevor wir uns in einem der nächsten Kapitel mit den Anschuldigungen und den Ermittlungen der Kriminalpolizei befassen, vorab eine kurze Analyse und Empfehlung, welche Fehler man bei einer unbegründeten Strafanzeige aus ehrenamtlicher Tätigkeit auf jeden Fall vermeiden sollte und wie man die Anfänge einer solchen Angelegenheit besser übersteht.

Tipps für zu Unrecht Beschuldigte 1.

- Wenn dem unbedarften Laien unverhofft eine Strafanzeige ins Haus flattert, dann ist er verständlicherweise irritiert und erst einmal »durch den Wind.«
- Darum ist es wichtig, die schriftlichen Unterlagen, die Anzeige und Beschuldigungen *mehrmals* langsam und sorgfältig zu lesen und zu bedenken.
- *Wer* behauptet eigentlich, *was* man *wann und wie* getan haben soll?
- Spontane Einfälle am besten sofort und separat notieren, nie auf den Originalunterlagen.
- Erkennt man einen Irrtum oder ein Missverständnis im Text der Anzeige, gleich notieren.

- Überlegen Sie, welche Konsequenzen sich aus der Anzeige für Ihr Ehrenamt ergeben.
- Welche Auswirkungen muss man *schlimmstenfalls* für das persönliche Umfeld, Familie, Freunde, Beruf, Arbeitsplatz etc. befürchten. Ggfs. Informations-Gespräche führen.

Als Nächstes ist es wichtig zu unterscheiden, ob
- eine Anzeige gemäß der Strafprozessordnung eingeleitet wird oder
- ob eine Klage nach dem Zivilrecht erhoben wird oder
- ob versucht wird, eine Beschuldigung, einen Verdacht, außergerichtlich zu klären.
- In den folgenden Kapiteln gibt es diesbezügliche Hinweise und Beispiele.
- Je nach Prozessart sammeln Sie dazu entsprechende Informationen z.B. aus dem Internet oder mittels eines entsprechenden Taschenbuches. Über Google finden Sie eine ganze Anzahl guter und verständlicher Erklärungen.
- Trennen Sie die Notizen möglichst nach Themen auf eigene Blätter, denn im Laufe der Zeit kommen immer wieder neue Gedanken hinzu, z.B. über Ankläger, Sachverhaltsangaben in der Beschuldigung, Sachverhalte aus eigener Sicht, eigene Beweise, eigene Zeugen, eigene Handlungsbeispiele, die Beziehungen zu der/den anklagenden Personen und deren genannten Zeugen etc.
- Achten sie dabei auf nachweisbare und belegbare Aussagen!

- Vermeiden Sie emotionale Inhalte und provozierende unsachliche Anmerkungen. Das wirkt bei der Verwendung der Aufzeichnungen nachteilig für Sie.
- Mit diesen Aktivitäten lenkt man die eigenen turbulenten Gedankengänge auf eine sachbezogene Ebene. Sie geben der eigenen Energie eine mehr ziel- und lösungsorientierte Richtung, statt sich mit Selbstmitleid und Rachegefühlen über die Ungerechtigkeit dieser Welt oder die Bösartigkeit der Gegner auszulassen. Solche negativen Gedanken kommen sowieso immer wieder von ganz alleine hoch.
- Sie werden spüren, dass beim Niederschreiben die auftretenden Ängste und Befürchtungen merklich nachlassen.

Zusammenfassung:
- Ich habe gelernt, dass aus Ungewissheit keine Verzweiflung werden darf.
- Wenn die Ungewissheit quält, muss man sich auf die Suche nach Gewissheit und Information machen. Dazu sind Ruhe und Fantasie gefragt. Denn je nach Art Ihrer Tätigkeit im Ehrenamt gibt es ganz unterschiedliche kompetente Stellen, die Sie um Beratung und Hilfestellung bitten können. Diesbezügliche Suche und Anfragen machen ein wenig Mühe, aber es lohnt sich. Und wer, außer Ihnen, wird ein Interesse daran haben, eine solche Mühe auf sich zu nehmen? Und ein positiver Nebeneffekt ist es, dass Ihr Selbstwertgefühl gestärkt wird und Sie eine Menge an Erfahrungen hinzulernen.

- Man sollte akzeptieren, dass wir in unserem Alltag nicht nur Zustimmung und Wohlwollen begegnen. Wir müssen damit rechnen, auch in ehrenamtlichen Tätigkeiten auf Ungerechtigkeit, Bösartigkeit, Unverständnis und Befremden zu stoßen. Das kann dazu führen, sich einsam zu fühlen und auch zu resignieren. Doch wir sollten in den Zeiten, in denen die Dinge nicht so laufen wie wir uns das wünschen oder gerne hätten, lieber unsere Geduld und Zuversicht trainieren, anstatt vor Selbstmitleid zu »tränieren!«
- Ein Freund sagte kürzlich zu mir: Wenn du in Schwierigkeiten steckst und aufgeben willst, dann denke an all das Gute, was du schon geschaffen und bewirkt hast! Das wird dich positiv stimmen und beflügeln. Und denke daran, dass aus ungelegten Eiern keine Hühner schlüpfen können, d.h. man soll sich nicht unnötig Sorgen machen, wenn man nichts getan hat. (Allerdings auch nicht untätig und Schicksal ergeben die Hände in den Schoß legen und gar nichts tun.)

Zum Abschluss dieses Kapitels noch eine treffende Situationsbeschreibung eines unbekannten Betroffenen:

Organsprache

Ein Christ hat manchmal Ärger auch.
Der Zorn, der sitzt ihm tief im Bauch.
Der Blutdruck steigt, er kocht vor Wut,
die Haut schlägt aus, weil er's nicht tut.

Sein Hals ist dick, er hüstelt still,
weil er wem etwas husten will.
Sein Herz ist eng, es drückt der Schuh,
die Nase ist voll, der Enddarm zu.

So ist er krank, weil er gekränkt,
und was die Leute denken, denkt.
Die Bibel sagt es: Schweigt dein Mund,
dann tun es die Gebeine kund.
(d.h. man wird krank davon)

Am Ende siegt immer die Wahrheit. Doch leider sind wir erst am Anfang!

Kapitel 2

Das ist kaum zu glauben

Einer Lügengeschichte auf den Leim gegangen

Ich zitiere aus einem Brief der EGL-Leitung vom 2. August 2010, an die Ermittlungsperson der Kripo, der den Ermittlungsakten beigefügt wurde:

Sehr geehrte (Name),

*Frau Coch erzählte mir bereits im November 2009 am Telefon, dass sie die Tochter eines Leiters der EGL sei (geboren 1977) und als Kind zwischen neun und elf Jahren *1) von einem Mitarbeiter der EGL Neudorf sexuell missbraucht worden sei. Sie schilderte mir ihre lange depressive Krankheitsgeschichte, in der sie sexuelle Gewalt immer ausgeschlossen habe. * 7)*

*Über Träume wäre ihr aber seit einiger Zeit klar geworden, dass etwas in ihrer Kindheit vorgefallen sein muss, und sie könne sich immer genauer daran erinnern. Es handle sich um einen angesehenen Mann, der auch immer noch für die EGL tätig sei, das hätte sie vor Kurzem gelesen. Dass solch ein Mensch weiterhin in einer evangelisch-christlichen Organisation tätig sein könne, wäre doch wohl untragbar. Sie bat mich, dies umgehend zu unterbinden. Ich fragte nach dem Namen des Beschuldigten, den sie mir dann auch nannte: Karl Emming, wohnhaft in Neudorf / Hessen. *2)*

*Ich telefonierte ca. 2 Stunden mit Frau Coch. Auf meine Rückfrage sagte sie, *3) dass sie keine Strafverfolgung wolle,* *sondern meine Anerkennung ihrer schlimmen Erfahrungen durch die EGL *4) und die Entfernung dieses Mitarbeiters aus dem Dienst. *5) Sie wollte damals auf keinen Fall, dass Herr E. erfuhr, dass sie ihn beschuldigte. *6) Danach telefonierte ich noch mehrere Male mit Frau Coch *3) nachdem klar wurde, dass wir den ehrenamtlichen Mitarbeiter kaum ohne eine schwerwiegende Begründung aus seinem Dienst entlassen können. *5)*

Am 15.02.2010 schickte mir Frau Coch eine schriftliche Anzeige. Danach wurde sie zu einem Gespräch mit der Geschäftsleitung eingeladen. Mir erschien Frau Coch von Anfang an sehr glaubwürdig. Ich habe nie daran gezweifelt, dass sie mir die Wahrheit erzählt.

Unterschrift und Titel

Welche Ungereimtheiten fallen in diesem Schreiben auf?
*1.) Der hier angegebene Missbrauchszeitraum von rd. 2 Jahren wurde in der Strafanzeige stillschweigend verlängert. (1983–1989) Durch diese Tatzeitverlängerung ist logischerweise die Möglichkeit eines Treffers für eine strafbare Handlung viel größer geworden. Er ist trotzdem falsch, denn ich war nur bis *16.1.83* in der Kinderarbeit aktiv und es hat den von Frau Coch erträumten Tatvorgang auch nie gegeben.

*2.) Wie verantwortungsvoll handeln eigentlich leitende Personen einer Organisation, die aufgrund eines dubiosen Traumes einer psychisch gestörten Person ohne jede weitere Informationen und ohne Rücksprache mit dem Beschuldigten das Ansehen eines seit 35 Jahren bei ihnen engagierten

Mitarbeiters und unbescholtenen Menschen schwer schädigen? Von der groben Verletzung der Fürsorgepflicht, die auch für ehrenamtliche Mitarbeiter der EGL zu gelten hat, ganz zu schweigen.

Eigenartig ist auch, dass es der angeblich Geschädigten trotz jahrelanger psychologischer und seelsorgerlicher Behandlung erst nach rd. 30 Jahren, ausgerechnet auf dem Höhepunkt der in den Medien häufig und ausführlich geschilderten diversen Missbrauchsereignisse, im Traum einfällt, dass auch sie solch ein Opfer gewesen sei, das nun seine Anerkennung (und damit seine Entschädigung) bekommen will.

*3.) Wie ist folgende zeitliche Diskrepanz zu verstehen? Einerseits finden seit 2009 stundenlange Gespräche in der EGL-Leitung über den angeblichen Missbrauch und seine Folgen statt. Aber andererseits steht in der Strafanzeige vom 23. März 2010: *Frau Coch konnte ihre Erlebnisse nicht mündlich formulieren.* Aber nach der Anzeige hat sie im Rahmen der Ermittlungen gemäß den zahlreichen vorliegenden Protokollen wieder flüssig und stundenlang in druckreifer Form die absonderlichsten Dinge über Missbrauchshandlungen erzählen können. Ist es wirklich niemanden aufgefallen, dass da etwas nicht stimmen kann?

*4.) Die gewünschte Anerkennung seitens der EGL hat Frau Coch auch tatsächlich erhalten. In einer Pressemitteilung 12/2010 vom 18. März 2010 steht unter der Überschrift »EGL äußert sich zum sexuellen Missbrauch«: »Grundsätzlich geht unsere Gesellschaft auf die Opfer zu und versucht festzustellen, was für die Opfer getan werden kann. In einem neueren Fall war dies zum Beispiel auch mit der Übernahme von Therapiekosten verknüpft.«

Mit aufmerksamer Unterlagenanalyse und nach eigenen Recherchen ist deutlich zu erkennen, dass Frau Coch die Nutznießerin der vorgenannten Therapie war. Doch damit taucht für die EGL offensichtlich ein Problem auf. Sie hat eine Opferentschädigung geleistet, an eine Person, die nur geträumt hat, ein Opfer zu sein. So etwas erkennt die Buchhaltung, eine Revision oder gar ein externer Prüfer in keinem Unternehmen als Begründung für eine Entschädigungsleistung an.

Wie also macht man aus einer zu Unrecht »erschlichenen« und gezahlten Leistung einen »echten« Zahlungsvorgang? Man muss einen Täter präsentieren! Frau Coch wusste, warum sie keine Strafverfolgung wollte, aber nun musste zwangsläufig eine Missbrauchsanzeige erstattet werden. Die Staatsanwaltschaft würde den Kerl schon »zur Strecke« bringen. Und hier gilt selbst in frommen Kreisen: Personen in leitenden Positionen werden nie zugeben, dass sie getäuscht wurden und einen Fehler gemacht haben. Wer wird schon gerne bestätigen, dass die Aussage *Ich habe nie daran gezweifelt, dass Frau Coch (und ihr Vater) mir die Wahrheit erzählen* auf einer Fehleinschätzung beruht? Aber noch schlimmer ist die damit unausgesprochene Nebenbemerkung: Wenn Frau Coch die Wahrheit sagt, dann kann der Beschuldigte nur noch ein Lügner sein, der die Unwahrheit sagt. Also vermeiden wir jeden Kontakt mit ihm. Er könnte ja unseren Standpunkt erschüttern.

*5.) Ist es nicht ungewöhnlich, dass eine angeblich Geschädigte die Strafe für den Beschuldigten selbst festlegen darf? Und ist es nicht beschämend, dass die mit dem Fall befassten Personen auf allen Hierarchie-Ebenen der EGL bewusst gegen eigene Satzungen und weltliche Gesetze verstoßen, nur um diesem Strafwunsch auch nachkommen zu können?

*6.) Der Wunsch nach Anonymität wurde Frau Coch ebenfalls gewährt. Und niemand der zahlreichen Beteiligten hatte das Rückrat und den Mumm zu fragen: Warum eigentlich darf der Beschuldigte nicht wissen, woher die schweren Anschuldigungen gegen ihn stammen und was sie beinhalten? Im Rahmen der Ermittlungen wird es ja doch sehr schnell bekannt.

Dass bei alledem der Vater des angeblichen Opfers seine Beziehungen innerhalb der EGL kräftig hat spielen lassen, ist aus mehreren Quellen bekannt geworden. Gegen solche Manipulationen »hinter dem Rücken« hat ein normaler Basisarbeiter keine Chance. Er wird fast immer der Verlierer sein.

*7.) Ich zitiere anhand der vorliegenden Akten aus dem Abschlußbericht einer Fach-Klinik über Frau Coch:

Immer wenn die behandelnden Therapeuten sich dem Grund der Störung näherten, hat Frau Coch die Behandlung abgebrochen. Ihre Bemerkung dazu lautete: «Immer wenn ich merkte, dass die mich knacken können, (d.h. den Grund meiner Probleme erkannt haben,) war das Ende der Fahnenstange und damit der Behandlung erreicht«.

Kann man das nicht so interpretieren, dass Frau Coch sehr wohl wusste, wo die Ursache ihrer Störungen lag? Da deren Beseitigung von ihr aber nicht gewollt oder für sie nicht durchführbar war, hat sie die therapeutischen Gespräche an entscheidender Stelle stets abgebrochen. Wer die Aussagen der Mutter in deren Ermittlungsprotokollen aufmerksam liest, stellt, genau wie der Chefarzt der Klinik, schnell fest, dass Frau Coch als Tochter neben den drei älteren Brüder große Probleme mit der Beachtung, Anerkennung und Wahrnehmung innerhalb der Familie und insbesondere durch ihren Vater hatte und noch immer hat. Diese Umstände macht die Tochter für viele Defizite, Ängste und Unsicherheiten in ihrem Leben verantwortlich. Aber sie sah wegen des recht dominanten Verhaltens des Vaters bisher keine Chance, über diese Probleme mit ihm und der Familie zu sprechen. Durch die erfundene Missbrauchsaffäre jedoch bekommt sie plötzlich das, was sie sich so lange gewünscht und erhofft hat, nämlich Aufmerksamkeit, Zuwendung, Gespräche und Anerkennung. (»Ich möchte Ihre Anerkennung als Opfer«, fordert sie von der EGL.)

Diese ganze Fantasiegeschichte und die undurchsichtigen Zusammenhänge irritierten und überforderten unser Verständnis. Darum suchten wir sehr rasch die Unterstützung durch einen Rechtsanwalt.

Unterstützung durch einen Rechtsanwalt

Wenn man in seinem Leben zum ersten Mal mit einer Strafanzeige konfrontiert wird, dann ist das eine todernste Sache für den Beschuldigten und dessen ganze Familie. Um die falschen Anschuldigungen und die fatale Strafanzeige möglichst rasch zu klären und aus der Welt zu schaffen, beschlossen wir, einen Rechtsanwalt, dessen Schwerpunkt das Verwaltungsrecht ist, einzuschalten. Er schien uns im Bezug auf die EGL-Verwaltung der Richtige zu sein.

Ich hatte Glück und bekam kurzfristig einen Termin, zu dem ich nur das Schreiben der EGL als Beleg hatte. Hier wären Kopien aus der bei der Staatsanwaltschaft liegenden Anzeige hilfreich gewesen.

- Aus meinen Gesprächs-Notizen vom 16. April 2010
  1. Schilderung der Strafanzeige und Erklärung der Bedeutung von Fachbegriffen aus meinen ehrenamtlichen Tätigkeitsbereichen
  2. Schilderung der Auswirkungen des Tätigkeitsverbotes auf mein Lebensumfeld
  3. Ist eine Rücknahme der unberechtigten Anzeige seitens der angeblich Geschädigten oder der EGL möglich? Diese Frage wurde eindeutig mit einem *Nein* beantwortet. Wenn ein Strafbestand angezeigt wird, <u>muss</u> die Staatsanwaltschaft dem Fall nachgehen, denn es ist ein Offizialdelikt.
  4. Aussage des RA: Wenn man nichts getan hat, könne man sich locker und getrost zurücklehnen und abwar-

ten. Wenn keine Tat begangen wurde, dann gibt es auch keine Beweise und damit auch kein Gerichtsverfahren. Aber das sah er, wie sich leider erst später herausstellte, etwas zu kurzsichtig. Die Erfahrung hat gezeigt, dass solch eine passive Haltung recht trügerisch sein kann und mancher Unschuldige trotzdem hinter Gitter gelandet ist. Beispiele dazu folgen später.

5. Das Strafrecht erlaubt es dem Beschuldigten in der Ermittlungsphase Tatsachen zu vernebeln, die Unwahrheit zu sagen und zu täuschen, um sich nicht selbst zu belasten.

Ich persönlich finde das nicht so gut, denn es führt dazu, dass man bei Ermittlungen davon ausgeht, dass ein Beschuldigter generell lügt. Daher nimmt man seine Unschuldsbeteuerungen und Beweise gar nicht erst zur Kenntnis oder meist nicht ernst.

Trotz Strafanzeige gilt man als unschuldig

Man steht »nur« unter einem Verdacht. Solch ein Anfangsverdacht ist juristisch notwendig, um überhaupt Ermittlungen einleiten zu können. Das Ergebnis der Ermittlungen führt dann zu der Entscheidung, ob die Staatsanwaltschaft Anklage zu einem Strafprozess vor Gericht erhebt oder das Ermittlungsverfahren einstellt. Anklage wird nur dann erhoben, wenn stichhaltige Tatsachen als Beweise vorliegen, die eine Anklage-Erhebung vor Gericht rechtfertigen und mit großer Wahrscheinlichkeit zu einem erfolgreichen Verfahren führen.

Blick über den Tellerrand

Eltern, Kinder und Institutionen sind in den letzten Jahren wachsamer gegenüber Missbrauchshandlungen geworden, und das ist auch sehr gut so, denn Wachsamkeit schützt vor Angriffen und Schäden. Aber die Kehrseite davon ist die Hysterisierung. Heute ist man schon ein verdächtiger Übeltäter, wenn man ein Kind nur anspricht.

Beispiele:

- In den USA verlor ein lang gedienter Professor seinen Job und war beruflich erledigt. Warum? Er hatte einer aufgeregten Schülerin in einem Gespräch zu deren Beruhigung die Hand auf die Schulter gelegt.
- In der Schweiz wurde eine Lehrerin scharf gemaßregelt. Sie hatte bei einem Klassen-Ausflug für ein Foto den Arm um die Schulter einer Schülerin gelegt.
- Ein Pädagoge, der während des Unterrichtes in seiner Klasse ein am Rücken herausragendes Etikett mit einem Finger in den Pullover einer Schülerin zurückschieben wollte, wurde mit einem Disziplinarverfahren konfrontiert.
- In meinem Beruf stehe ich mit einem Bein im Gefängnis, sagt ein Sportlehrer. Er ist 48 Jahre alt und seit über 20 Jahren völlig unbescholten im Schuldienst. Er sagt: »Beim Turnen lasse ich ein Mädchen eher vom Gerät

fallen und rufe, wenn es sein muss, den Krankenwagen mit Notarzt, als dass ich sie auffangen würde. Wenn ich sie auffange und dadurch berühre, bekomme ich mit Sicherheit sofort eine Anzeige wegen sexueller Belästigung und bin meinen Job los mit allen sich daraus ergebenden negativen Folgen. Und das will und muss ich mir ersparen«.

- Die Zahl der verurteilten Kinderschänder ist seit Jahren konstant, die Anzahl der wegen sexueller Übergriffe Beschuldigten nimmt jedoch rasant zu! Merkwürdig, nicht wahr!?
- Aus diesen und ähnlichen Gründen wagen es Lehrer kaum noch, ihren Schülern zu nahe zu kommen. Und selbst Väter schrecken inzwischen davor zurück, die eigene Tochter in den Arm zu nehmen, um sie bei einem Kummer zu trösten.
- In vielen Schulen gibt es klare Regelungen, wie man mit Jugendlichen umgehen soll, z.B.
- nie mit einem Schüler alleine in einem Raum sein,
- bei Gesprächen immer die Tür des Raumes weit offen halten,
- bei Einzelgesprächen sollte möglichst immer noch eine zweite Person mit anwesend sein,
- man sollte jeden frontalen Blickkontakt vermeiden, um bei zu »offenherzigen« Mädchen nicht in den Ausschnitt schauen zu können usw.

Viele Gesellschaften, Vereine und auch die meisten Kirchen haben für ihre haupt- und ehrenamtlichen Mitarbeiter/innen in der Kinder- und Jugendarbeit noch keine diesbezüglichen Richtlinien erarbeitet und bekannt gemacht. Sie könnten sich die guten Konzepte von Schulen zum Vorbild nehmen. Und bis das umgesetzt ist, sollten haupt- und ehrenamtliche Mitarbeiter/innen in der Jugendarbeit vorbeugend informiert und gewarnt werden:

Achtung!

- ➟ Kinder und Jugendliche nicht berühren!
- ➟ Niemals mit einem Kind oder Jugendlichen alleine im Raum sein!
- ➟ Beachte: Die Risiken und Nebenwirkungen eines Fehlverhaltens müssen Sie selbst und auf eigene Kosten ausbaden, auch noch nach Jahrzehnten!

Tipps für zu Unrecht Beschuldigte 2.

- Je genauer und nachweisbarer Ihre Ausführungen sind, umso glaubwürdiger können diese bei einer Vernehmung und in einem eventuellen späteren Gerichtsverfahren ausgesagt und belegt werden. Scheuen Sie sich nicht, auch Raum-Bilder zu zeichnen, Fotos beizufügen.
- Verlassen Sie sich nicht auf Ihr Gedächtnis, denn bei einer Vernehmung oder vor Gericht sind Sie viel zu aufgeregt und angespannt, um alles Wichtige aus dem Gedächtnis abrufen zu können.

- Ihre Gegenseite wird nichts unversucht lassen, Sie zu verunsichern und aus dem Konzept zu bringen, um Ihre Aussagen als wenig glaubwürdig darzustellen.
- Verlassen Sie sich auch nicht auf die Hilfe von Dritten, sei es in der Rechtsprechung oder von Zeugen, die zu Ihren Gunsten aussagen wollen oder sollen. Menschen in Stresssituationen sind unberechenbar. Ihre persönlichen schriftlichen Aufzeichnungen aber sind belegbar.

Aber Achtung! Dringende Empfehlung des Rechtsanwalts! Unbedingt beachten!

- Geben Sie nicht Ihre Argumente oder gar Aufzeichnungen, weder mündlich noch schriftlich, aus der Hand. Höchstens <u>Ihrem</u> Anwalt, der Sie verteidigen soll und einem vertrauenswürdigen Menschen, den Sie eingeweiht haben, mit dem Sie private Dinge besprechen und sich sicher aufgehoben wissen, weil er kein Schwätzer und Besserwisser ist. Bei mir war es in erster Linie meine Frau. Wenn Sie Ihr Wissen oder gar Ihre Vermutungen freimütig und durchaus in guter Absicht an Dritte weitergeben, ist der Nutzen für Sie gleich Null. Aber Ihr Risiko, dass daraus Missverständnisse und Fehlentwicklungen entstehen, ist erheblich.
- Dies sollten Sie auch gegenüber der Befragung durch eine Ermittlungsperson beherzigen! Beantworten Sie nur die Fragen, die Ihnen gestellt werden, und das so kurz wie möglich, aber ehrlich. Geben Sie keine Anschuldigungen, Vermutungen oder sonst etwas von Ihnen nicht Beweisbares oder Belegbares zu Protokoll.

- Verlangen Sie eine Reinschrift des Protokolls und erlauben Sie die Einbeziehung in die Ermittlungsakten nur mit Ihrer Unterschrift. Hier ist es sicher hilfreich, bei schwierigem Terrain einen Strafrechtler hinzuzuziehen.
- Verlassen Sie sich nicht auf gut gemeinte Ratschläge und Erfahrungen anderer. Das geht in den allermeisten Fällen »in die Hose,« und zwar in Ihre.
- Merke: Der Feinde Fehler soll man kennen, aber nicht nennen.
- Vermeiden Sie weitgehend persönliche oder gar schriftlichen Kontakte mit der Gegenseite und zwar mit allen Personen, die möglicherweise als Zeugen vernommen werden sollen. Von den Rechtsorganen wird jeder Kontakt des Beschuldigten mit Zeugen als ein Versuch der »Zeugenbeeinflussung« angesehen. Das ist negativ und kann schlimmstenfalls sogar geahndet werden.
- Insofern sollte auch aus Ihrem Freundes- und Bekanntenkreis, aus Ihrem Verein oder gut meinenden Solidaritätsgruppen keinerlei Schritte in dieser Richtung unternommen werden.

Der gute Wille und das Argument »wir haben es doch gut gemeint, wir wollten doch nur helfen« entwickelt sich sehr rasch zu einem »Schuss in den Ofen.« Nicht alles, was gut gemeint ist, ist auch gut in seinen Auswirkungen!

- Verfallen Sie nicht in den Denkfehler, dass die Ermittlungspersonen den Auftrag und das Ziel haben, Ihre Unschuld zu beweisen.

Ein Telefongespräch mit Drehwurm

Damit Sie sehen, wie wertvoll und richtig vorstehende Empfehlungen für qualifizierte Aufzeichnungen sind, hier ein Beispiel aus dem Ermittlungsverfahren:

Inhaltsangabe zu einem Telefongespräch vom 18. Juni 2010, ca 21:00 Uhr zwischen dem Beschuldigten und dem Vater der angeblich Geschädigten, Herrn Altmann.

Alt. meldet sich.

Ich *Hallo, hier spricht Karl Emming aus Neudorf*

Alt. (mit gewohnt heiterer Stimme) *Nanu, welch eine Überraschung! Mit deinem Anruf hätte ich jetzt nicht gerechnet.*

Ich *Ich hatte es eigentlich auch nicht vor, dich anzurufen.*

Alt. *Ich kann mir schon vorstellen was du meinst.*

Ich *Deine Tochter hat an meine jüngste Tochter und auch an andere Leute E-Mails verschickt, die belastende und falsche Aussagen über mich enthalten. Ich bitte dich auf deine Tochter einzuwirken, dass sie diese Ausbreitung im Netzwerk unterlässt.*

Ich habe die ganze Angelegenheit auf Anweisung des Bezirksleiters bisher streng vertraulich behandelt, sowohl in Neudorf als auch an den anderen Orten in denen ich tätig war. Ich will weder deinen guten Namen noch meinen guten Ruf und Namen durch diese unschöne Angelegenheit schädigen!

Alt. *Ich habe das verstanden und mir Notizen gemacht.*

Ich *Wenn deine Tochter die Verbreitung an andere nicht unterlässt, wird das sicher zu unangenehmen rechtlichen Konse-*

	quenzen führen. Übrigens – seit wann weißt du denn über den angeblichen Vorfall Bescheid?
Alt.	*Seit dem Tag, an dem du das Leben meiner Tochter zerstört hast.*
Ich	*Das bedeutet also seit 1983?* (Beginn der angeblichen Tathandlungen)
Alt.	*Ja, genau.*
Ich	*Aus der Strafanzeige geht hervor, dass deine Tochter schon seit zehn Jahren kontinuierlich in psychiatrischer Behandlung ist. Davon wusste ich ja gar nichts.*
Alt.	*Ja, das hat etwas mit dir zu tun.*
Ich	Pause. (Diese Äußerungen haben mir echt die Sprache verschlagen.)

Dann sehr kurze Verabschiedung und Ende des Gespräches.

Diese Reinschrift wurde unmittelbar nach dem Gespräch am Freitag, 18. Juni 2010 ca. 22:00 Uhr erstellt. Zeuge des Gespräches war durch »Lautschaltung« des Telefons meine Frau.

Wie man die Glaubwürdigkeit dieses Zeugen und seiner Tochter einzuschätzen hat zeigt folgender »Drehwurm:« Drei Tage später, am 21.06.2010, gab die Tochter, Frau Coch, der ermittelnden Kripobeamtin Folgendes zu Protokoll, ich zitiere:

Zunächst einmal möchte ich mitteilen, dass sich Herr Emming telefonisch mit meinem Vater in Verbindung gesetzt hat. Er hat ihm gedroht, dass, wenn er es nicht schafft seine geisteskranke

Tochter zurückzupfeifen, würde er, Emming, den Ruf meines Vaters ruinieren. Außerdem möchte Herr E. nicht mehr, dass ich noch einmal versuche, schriftlich Kontakt zu seiner Tochter aufzunehmen. // Ende des Zitates.

Der Volksmund hat Recht, wenn er sagt: *Der Apfel fällt nicht weit vom Stamm.* Beide, Vater und Tochter, haben in ihren polizeilichen Vernehmungsprotokollen den Inhalt des Telefongespräches sehr bewusst völlig verfälscht und als Zeugen beeinflussenden Drohanruf wiedergegeben.

- Merke: Zum Begräbnis der Wahrheit gehören viele Schaufeln, und die sind auch immer vorhanden, denn die Wahrheit hat leider sehr wenig Freunde.

Aufgabe und Ziel eines Ermittlungsverfahrens

In diesem Zusammenhang ist es vielleicht gar nicht so uninteressant, einmal kurz darüber zu informieren, was Aufgabe und Ziel eines Ermittlungsverfahrens ist.

Die StPO (Straf-Prozess-Ordnung) regelt die Ermittlungen wie folgt:

1. Sobald die Staatsanwaltschaft durch Anzeige von dem Verdacht einer Straftat Kenntnis erhält, hat sie die Aufgabe, den Sachverhalt gem. § 160 StPO zu erforschen und zu prüfen.
2. Dabei hat sie nicht nur die zur Belastung, sondern auch die zur Entlastung dienenden Umstände zu ermitteln, für die Erhebung der Beweise Sorge zu tragen und dies alles später gleichermaßen zu berücksichtigen.

3. Die Ermittlungen der Staatsanwaltschaft sollen sich auch auf Umstände erstrecken, die für die Rechtsfolgen der Tat (Anklageerhebung) von Bedeutung sind.
4. Zur Wahrnehmung dieser Aufgaben hat die Staatsanwaltschaft die Befugnis, Ermittlungen jeder Art selbst vorzunehmen oder von Beamten des Polizeidienstes (Ermittlungspersonen) vornehmen zu lassen.

Entgegen einer verbreiteten Meinung ist die Staatsanwaltschaft nicht gezwungen, unter allen Umständen eine Verurteilung des Verdächtigen / Beschuldigten anzustreben. Sie ist keine Partei im Strafprozess und arbeitet weder zu Gunsten des Anklägers noch gegen den Beschuldigten oder seinen Verteidiger. (Quelle: Wikipedia / Google)

Wie kann ein Beschuldigter seine Unschuld beweisen?

Antwort eines Rechtsanwaltes:

Schuld oder Unschuld kann eigentlich nur in einem Gerichtsverfahren festgestellt und entschieden werden. Und ob ein solches Verfahren stattfindet, d.h. ob aufgrund von stichhaltigen Beweisen die Staatsanwaltschaft Anklage gegen einen Verdächtigen erhebt, das ist von dem Ergebnis der Ermittlungen abhängig. Wenn die Staatsanwaltschaft die Strafanzeige als geringfügig einschätzt, kann die angezeigte Tat als verjährt angesehen und das Ermittlungsverfahren eingestellt werden. Erst wenn sich der Anfangsverdacht erhärtet, kommt der Fall vor Gericht. Und nur das Gericht urteilt dann über Schuld oder Unschuld der in der Strafanzeige verdächtigten Person.

Mit weiteren Opfern ist zu rechnen

Anstatt sachdienliche Argumente und Beweise für ihre Anschuldigung zu beschaffen, suchte Frau Coch unverdrossen nach weiteren »Geschädigten«. In einem Vernehmungsprotokoll vom 7. Febr. 2011 konnte sie der Kripo über 30 (dreißig) weitere mögliche und vermutlich von mir vor 30 Jahren geschädigte Jungen und Mädchen benennen. Es waren alles Namen von Jugendlichen, die der ehemalige EGL-Büroleiter Altmann von Gruppenfotos mehrerer Jahrgänge abgeleitet hat. Immerhin war die Staatsanwaltschaft so clever und weitsichtig, keine der willkürlich angegebenen Personen zu befragen, denn das hätte in Neudorf unabsehbare Folgen für alle Beteiligten gehabt. Einige der Genannten wohnen noch heute in unserem Ort und wir unterhalten gute nachbarschaftliche Kontakte. Ich werde mich hüten, irgendwo auch nur ein einziges Wort über diese völlig absurde und aus der Luft gegriffene Missbrauchs-Aussagen zu äußern. Vielleicht haben die angeblich Geschädigte und ihr Vater sogar beabsichtigt, dass ich mich bei einigen der genannten Personen in die Nesseln setze.

Darum beherzigen Sie vorstehende Empfehlungen: Reden Sie nicht gegenüber Dritten über Ihren Fall, egal wie abartig sich manche Aussagen und Entwicklung auch darstellen mögen. Sie bewahren sich damit vor unkalkulierbaren Risiken.

- Merke: Weise Sprüche und gute Lehren, soll man tun und nicht nur hören!

Gedankengänge:
Meistens möchte ich zurückschlagen, wenn mich jemand verletzt hat. Meistens spüre ich in mir das Verlangen, den anderen mit Worten zu verletzen, ihm meine Überlegenheit zu zeigen und ihn klein zu machen. Aber meine Erfahrungen sagen mir: Das führt zu nichts Gutem. Darum bitte ich meinen himmlischen Helfer:

Herr, zeige du mir einen anderen und besseren Weg,
wie ich auf meine seelischen Verletzungen reagieren kann.

Kapitel 3

Dichtung und Wahrheit in Ermittlungsprotokollen

In den sehr umfangreichen Vernehmungsprotokollen der angeblich Geschädigten und deren Eltern ist auffallend viel unbedeutendes und überflüssiges Gerede enthalten, das mit der angezeigten Tat in keinerlei erkennbarem Zusammenhang steht. So wird z.B. in epischer Breite von Stuhlgangproblemen berichtet, die bei Tina von Kleinkind an bis heute anhalten sollen. Dem Vater ist davon nach seinen Aussagen nichts bekannt, der damals noch für medizinische Hausbesuche aktiven Gemeindeschwester auch nicht. Wenn man bei Google das Stichwort »Stuhlgangprobleme bei Kindern« eingibt, erhält man schlagartig über 12.000 Kommentare zu diesem Thema. Wie man damit einen sexuellen Missbrauch der Tochter nachweisen will, bleibt allerdings ein Geheimnis der Familie Altmann.

Dann geht es um Puppenschränkchen, die meine Frau bemalt haben soll. In unserer Familie kann sich niemand an eine solche Aktion erinnern. Mutter Altmann jedoch erinnert sich an ein blaues, die Tochter an zwei Schränkchen, grün und rot. Mutter und Tochter stimmen aber darin überein, dass sie nicht wissen, woher die Puppenschränkchen kamen und wohin sie irgendwann wieder verschwunden sind. Die Erklärung ist sehr einfach. Zu einem Sommerfest der EGL wurde ein Schränkchen von einem unserer Ortsschreiner gespendet und von mir öffentlich an den meistbietenden Festbesucher versteigert. Der Käufer war kein Mitglied und Freund der Familie Altmann, sondern ein Großvater, der das Schränkchen für seine Enkelin ersteigert hat. Danach gab es keine Puppenschränkchen–Spenden mehr. Vielleicht träumt Frau Coch ihren unerfüllten Kinderwünschen heute noch hinterher.

Diese und viele weitere Belanglosigkeiten füllten ganze Seiten der Ermittlungsprotokolle. Sowohl mein Rechtsanwalt als auch meine Person fanden es sehr befremdlich, dass sich eine Kriminal-Kommissarin so etwas Banales stundenlang anhörte und dann auch noch lange Protokolle darüber schrieb. Sie hätte ihre wertvolle Zeit besser für qualifizierte und sachdienliche Fragen zum angeblichen Tatumfeld nutzen sollen. Damit hätte sie dem gesetzlich vorgegebenen Sinn eines Ermittlungsverfahrens wesentlich besser entsprochen.

Wenn Sie, verehrte Leser, einmal mit ähnlichen »dämlichen« Protokollen konfrontiert werden, dann machen Sie an die entsprechenden Absätze den Vermerk: »Nicht sachdienlich« oder »Was trägt diese Angabe zur Aufklärung des Tatverdachtes bei?« Lassen Sie sich von solchen Ablenkungsmanövern nicht von Ihrem eigenen Nachdenken über den wahren Sachverhalt ablenken. Wenn Sie auf jede dumme Aussage eingehen, verzetteln und überfordern Sie sich und fangen an durchzudrehen. Fallen Sie nicht auf solche Nebelkerzen herein. Ihr Anwalt tut das ganz sicher auch nicht. Die Banalitäten wollen Ihnen nur den Blick auf das eigentlich Wesentliche verschleiern. Denken Sie besser an den Anklage-Inhalt, der muss stets im Mittelpunkt Ihrer Aufmerksamkeit und Materialsammlung stehen.

Wahrscheinlich ist auch, dass man der Person, die mit den Ermittlungen beauftragt ist, solche überflüssigen Dinge erzählt, um sie damit von wesentlichen und wichtigen Fragen abzuhalten. Das ist im Fall Coch auch sehr gut gelungen, wie Sie auf den folgenden Seiten feststellen können. Gleichzeitig versucht man mit solchem »Füllsel« auch das Ansehen und die Glaubwürdigkeit des Verdächtigen zu schwächen und zu schädigen. Ein sehr raffiniert ausgedachtes System, das Frau Coch schon bei ihren Klinikaufenthalten sicher viele unangenehme Fragen vom Hals gehalten hat.

Begehen Sie bitte nicht den Fehler vieler Leute und denken, mein Rechtsanwalt oder die Ermittlungsperson werden sich über alle Aussagen schon ihre Gedanken machen, um diese Dinge zu klären oder zu bewerten. Das tun sie nicht. Dazu fehlt ihnen die Zeit und das Interesse an solch belanglosem Quark. Und wer, wenn nicht Sie selbst als Beschuldigter, verfügt über das meiste Interesse und das Hintergrund-Wissen, um sich der Sache dienende Gedanken über die Protokoll-Inhalte zu machen?

Tipp eines Gerichts-Experten:
Was uns als Erstes ins Auge sticht, kann total belanglos sein. Ein kritischer zweiter Blick ist immer ratsam. Darum achten Sie darauf, dass Sie sich nicht durch unwichtige Dinge von der Hauptsache ablenken lassen.

Anzeige wegen übler Nachrede

Aus meiner Akten-Notiz vom November 2010

Ein krankes Schaf steckt die ganze Herde an, sagt man. Es stimmt, zumindest vorübergehend.

Ich musste durch liebe Freunde zur Kenntnis nehmen, dass von Herrn Altmann und seiner Tochter in Neudorf durch eine ihrer Bekannten, die im Bereich von Hausbesuchen im Ort tätig war, gezielt Gerüchte in Umlauf gesetzt wurden, die mir Missbrauchshandlungen nachsagten.

Da ich jeglichen Versuch unterlassen sollte, auf den Verlauf der Ermittlungen und auf Zeugen Einfluss zu nehmen, habe ich auf diese Gerüchte in keiner Weise reagiert, obwohl mir das zunächst sehr schwer gefallen ist, denn ich empfand das als eine bösartige Provokation.

Als mir besagte Dame zufällig über den Weg lief, habe ich sie nur höflich gegrüßt und es mir schweren Herzens verkniffen, sie zu fragen, warum sie sich gegen meine Person so schäbig verhalten und Lügengeschichten verbreiten würde. Schließlich sind wir uns jahrelang bei verschiedenen Anlässen freundlich begegnet und stets aufgeschlossen miteinander umgegangen. Ich kam mir zwar sehr feige vor, aber es war richtig, kein Gespräch mit ihr anzufangen. Es hätte der Gegenseite nur Munition geliefert, unberechenbar schädigend zu reagieren. Genutzt hätte mir ein Gespräch mit dieser Frau sowieso nichts.

Die Karikatur des Künstlers A. Paul Weber »*Das Gerücht*« hat mir von Jugend auf gezeigt, dass man üble Nachreden und Verleumdungen nicht mehr einfangen kann. Sie fliegen vorbei, bekommen Nahrung von Mitläufern und irgendwann sterben sie, wenn ihnen die Nahrung ausgeht. Am besten lässt man sie einfach verhungern und damit in Vergessenheit geraten. Die »Hausdame« merkte sehr rasch, dass sie mit ihren Gerüchten weitgehend auf Unverständnis gestoßen ist. Man kannte mich im Ort durch meine Jahrzehnte langen ehrenamtlichen Tätigkeiten schon zu gut als anständigen Menschen. Der faule Trick mit der üblen Nachrede wurde durch mein lang anhaltendes Schweigen ausgetrickst.

Trotzdem war ich sauer und wollte der Dame einen Denkzettel verpassen und sie anzeigen. Aber einer *Anzeige auf Unterlassung übler Nachrede* gab mein Rechtsanwalt keine Chance. Dazu hätte ich detailliert nachweisen müssen, wann wer was und wem gegenüber an Verleumdungen erzählt hat. Es müsste zum Beweis eine Anzahl meist älterer Zeugen befragt werden. Das Ganze würde mehr Gerede und Staub im Ort aufwirbeln, als die Sache wert war. Und was hätte ich damit erreicht? Genau das Gegenteil von dem, was von mir als Ziel angestrebt war, nämlich das Gerücht verhungern zu lassen. Und ein Schmerzensgeld zu erstreiten steht in keinem Verhältnis zu dem dazu erforderlichen Aufwand.

Ich dachte: Wer mich gut kennt, der wird den Gerüchten sowieso keinen Glauben schenken, und den Kontakt mit mir aufrechterhalten, wie das z.B. die Teilnehmer eines von mir seit vielen Jahren geleiteten Gesprächskreises noch immer tun. Und wer meint, dass an den Verdächtigungen etwas Wahres dran sei, auf dessen Gesellschaft kann ich locker verzichten. Ich muss jedoch gestehen, dass es mich schon enttäuscht und schmerzt, dass Personen, mit denen man viele Jahre lang engagiert, erfolgreich und vertrauensvoll zusammengearbeitet hat, plötzlich die guten langjährigen Kontakte vermeiden. Schade.

Das Wort eines Unbekannten sagt:
Ein Christ erfährt durch Zufall gar, was andre von ihm reden.
Die Reden sind fürwahr nicht wahr, nein, sie belügen jeden.
Was soll er tun? Das Wort ist Mord an seinem Ruf und Namen.
Doch manche glauben diesem Wort, dem bösen und infamen.

So bleibt ihm eines nur zu tun:
Er bringt das böse Morden vor Gott hin und vertraut im Ruh'n, dem Wort, das Mensch geworden.

Von ebenfalls Betroffenen

Auf einem Blatt eines älteren Abreißkalenders fand ich eine Begebenheit aus der »Gerüchteküche«, die ich sinngemäß zum Nachdenken hier einfüge:

Beim Metzger herrscht wie immer am Wochenende großer Andrang. Die Wartezeit vertreiben sich die Kunden mit Dorfklatsch. Da lässt jemand eine Bombe platzen: Ein verheirateter leitender Mitarbeiter der Gemeinde am Ort habe ein Verhältnis mit seiner erwachsenen Tochter. Empört und voller Eifer erzählen Anwesende diese Ungeheuerlichkeit in ihren Familien und in ihrem Freundeskreis weiter. Nun macht die Skandalgeschichte auch in den umliegenden Dörfern die Runde. Überall wird getuschelt und geurteilt. Keiner stellt den Wahrheitsgehalt des Gerüchtes in Frage! Denn, so sagt man: Wo Rauch ist, muss auch ein Feuer sein. Man sagt ja nichts, man spricht nur darüber, ist der Tratschtanten Meinung.

Mit dem Betroffenen spricht niemand. Von solchen Sündern muss man sich als anständiger Mensch doch distanzieren, es könnte ja etwas an einem selbst hängen bleiben. Zuletzt erfährt der Gemeindepastor von der Geschichte und macht sich an deren Klärung und Aufarbeitung. Er denkt sich: Wer solche Freunde und Bekannte hat, der braucht sich vor keinen weiteren Feinden mehr zu fürchten. Das ganze Gerücht beruht auf einem fatalen Hörfehler und Irrtum einer dummen Wichtigtuerin. Welche Gemeinschaft wird man wohl lieber suchen und pflegen? Diejenige, in der sich die Nachbarschaft aufgrund von Gerüchten unbesehen von einem Beschuldigten distanziert und sich an der Schlammschlacht gegen ihn beteiligt? Oder lieber diejenige, in der sich die Verantwortlichen in der Gemeinde grundsätzlich schützend vor einen Verdächtigten stellen und sich um eine rasche Aufklärung bemühen?

Ich weiß jetzt die für mich richtige Antwort, auch wenn sie manchmal noch etwas weh tut.

Dichtung und Wahrheit

Eine Gegenüberstellung

Aussagen der angeblich Geschädigten und Gegendarstellung des Beschuldigten.

Grundlage sind Ermittlungsprotokolle bis Februar 2011
Aus den nachfolgenden Beispielen ist zu entnehmen, wie wichtig gute schriftliche Belege sind und wie wichtig eigenes Denken und Mitarbeiten ist. Es ist dringend geboten und nur von Vorteil, wenn man die Dokumentationen der Zeugen-Befragungen persönlich und sorgfältig liest, überprüft und hinterfragt. Ein besonderes Augenmerk sollte dabei auch auf die Fakten gerichtet sein, die in den Ermittlungen *nicht angesprochen* wurden. Finden Sie solche Lücken heraus und fügen Sie entsprechende Notizen den Protokollen bei. Sie haben das sachliche Hintergrundwissen, nicht Ihr Rechtsanwalt und auch nicht die Ermittlungspersonen. Es ist Aufgabe Ihres Verteidigers, das von Ihnen aufgezeichnete Material auf seine wasserfeste und *juristische* Verwendbarkeit hin zu bewerten. Die nachstehenden Beispiele aus diversen Vernehmungsprotokollen mögen das deutlich machen:

1. Zeitraum der angeblichen Missbrauchshandlungen
   - Tina Coch sagt: Vermutlich zwischen dem 9. und 11. Lebensjahr, später sagte sie dann zwischen dem 6. und 11. Lebensjahr, d.h. von 1983–1989. Die Übergriffe erfolgten mehrmals – also häufig, mal mehr, mal weniger, nach dem Besuch der Sonntagsschule.

- Im Ermittlungsprotokoll der Kripo vom 24.9.2010 steht geschrieben: »Mehrfacher sexueller Missbrauch über einen längeren Zeitraum – vermutlich während der gesamten Grundschulzeit der Geschädigten.« (Das sind nur vier statt der vorgenannten sechs Jahre.)
- Die Eltern von Frau Coch konnten keinen Zeitraum benennen.

Stellungnahme:

a) Als einzige Zeitangabe der Handlungen wird »nach dem Besuch der Sonntagsschule« genannt, jedoch nie ein Jahr, Monat, Jahreszeit oder ähnliche Zeitfenster. Zumindest eine Jahreszeit hätte man in der langen Tatzeit aus der Kleidung ableiten können, denn im Sommer ist man anders angezogen als in der kalten Jahreszeit des Winters.
b) Nach vorliegenden **Dienstplänen** hat der Beschuldigte 1981 und 1982 nur noch einmal im Monat und am 16. Januar 1983 zum letzten Mal die Sonntagsschule gehalten. Bereits seit 1981 hat die Mutter der angeblich Geschädigten mit zwei weiteren Damen die Sonntagsschule im Wechsel geleitet. In den Ermittlungen wurde weder auf die Sonntagsschularbeit noch auf deren Mitarbeiterinnen eingegangen, obwohl das doch einen Mittelpunkt in der Anklage darstellt. Auch eine Befragung der noch immer in Neudorf lebenden Mitarbeiterinnen erfolgte nicht.
c) Bei den Ermittlungen hätte man logischerweise fragen müssen,
    - ob Herr Emming diesen ehrenamtlichen Dienst jahrelang stets alleine durchführte

- wann und warum er dieses Engagement beendet hat und
- welche Rolle nach dem Ruhestand des alten Gemeindeleiters sein Nachfolger im Zusammenhang mit der Sonntgsschularbeit gespielt hat?

Aber diese Fragen interessierten offenbar niemanden. Warum wohl nicht?

2. Die Täterbeschreibung
   - Frau Coch sagt: Der Täter hatte glänzende schwarze Haare mit Pomade darin. Er hatte ein stark duftendes Aftershave und Seifengeruch. Er trug ein weißes Oberhemd mit Fliege.

Stellungnahme:
Seit vielen Jahren (1965) trägt der Beschuldigte auf seinem Haupt einen pomadefreien Restbestand an braunen Haaren. Beweisfoto wurde an den RA übergeben.

- Rasierwasser und Seife sind flächendeckend verwendete Hygienemittel.
- Weißes Hemd und Fliege sind allgemein benutzte Kleidungsstücke.

Folgende besonderen Merkmale werden jedoch nicht erwähnt:

- Der Beschuldigte ist Brillenträger, das hätte der angeblich jahrelang Geschädigten in Erinnerung sein müssen, zumal in der Altmann-Familie einige Fotos vom Beschuldigten vorhanden sind und lt. Protokoll der Mutter auch angesehen wurden.

- Bei Familie Altmann gab es aufgrund langjähriger Verbindungen sehr oft asiatische Besucher und Übernachtungsgäste, wie mehrfach von den Eltern betont und protokolliert wurde. Die Tochter erwähnt diese häufigen Besucher interessanterweise nie direkt. Dabei hatten gerade die männlichen Besucher fast alle volles schwarzes und oftmals von Pomade glänzendes Haar. Darum hätte durchaus die Frage gestellt werden müssen, ob die Täterbeschreibung nicht besser auf Personen aus diesem Besucherkreis passen würde. Doch dieser Bezug zum Lebensinhalt und »Hobby« der Eltern hätte zu einem riesigen Ärger geführt. Da hat die Tochter Tina Coch lieber geschwiegen, bevor sie die gerade entstandenen Verbesserungen im Bezug auf die Wahrnehmung in der Familie leichtfertig wieder zerstören würde.

3. Beschreibung der angeblichen Tatorte
   - Hier ist es wichtig zu wissen, dass Frau Coch im April 2010 (also kurz nach der Anzeige) Neudorf besucht hat, um ihre »Kindheit aufzuarbeiten.« Auf ihren Wunsch hin wurde sie vom Ortsleiter durch die drei Räume des Gemeindehauses geführt, in denen die Sonntagsschule bis heute noch stattfindet.

<u>Tatort 1</u> ***Der Abstellraum im Gemeindehaus***

Aussage Coch in div. Vernehmungsprotokollen	*Stellungnahme*
* Der Abstellraum ist lang und schmal	*Das ist richtig.*
• mit einem *kleinen* Fenster am Rande	*Das ist falsch.*
Das Fenster ist mitten im Raum zur Gartenseite	
Das Fenster ist 2,10 m breit und 1,20 m hoch (Beweisfoto der Kripo ist bei den Akten!)	
* Im Raum befindet sich ein Einbauschrank	*Das ist richtig.*
(Er dient verschiedenen Gruppen als Materialablage)	
Ein zweiter Schrank im Raum wird nicht erwähnt	*Angabe fehlt.*
• Es stand einer der großen Tische im Raum	*Sehr unwahrscheinlich.*
Die Tische im Haus sind 1,20 breit und 0,60 tief	
Da bleiben bei geöffneten Schranktüren nur 10 cm Freiraum	

Stellungnahme des Beschuldigten:

- Der Beschuldigte war niemals mit einem Kind alleine im Gemeindehaus oder im Abstellraum.
- Folgende Personen waren und sind auch heute noch nach den parallel laufenden Erwachsenen-Gottes-

diensten in der Kirche *immer* im Gemeindehaus anwesend:

- zwei Mitglieder des Vorstandes, die das Geld aus den Kollektensammlungen im Raum neben der Abstellkammer zählen und dokumentieren. Warum der befragte Ortsleiter diese wichtige Tatsache bei seiner Vernehmung unerwähnt ließ, ist hinterfragungswürdig.
- Spielende Kinder, die bis zur Abholung durch die Eltern beaufsichtigt wurden und/oder beim Aufräumen halfen, darunter auch stets die beiden Töchter des Beschuldigten.
- Vor dem Verlassen des Gebäudes wurde von den Dienst habenden Mitgliedern des Vorstandes in allen Räumen kontrolliert, ob die Fenster geschlossen waren, das Licht gelöscht war und keine Personen versehentlich eingeschlossen würden, z.B. in den Toiletten, in Küche oder dem Abstellraum. Wegen der überall geschlossenen Fenster blieben die Türen sämtlicher Räume zum Eingangsflur hin zur Belüftung offen.
- Wer, außer dem Beschuldigten selbst, hat ein Interesse daran, diese entlastenden Tatsachen festzustellen und zu dokumentieren? Die Ermittlungsperson hat das jedenfalls nicht getan, obwohl sie persönlich die Räume besucht und fotografiert hat! Ein RA wird das auch nicht tun. Also ist aktives Mitdenken und Mitarbeiten des Beschuldigten unabdingbar für einen Erfolg.

Das hätte die Ermittlungsperson eigentlich feststellen und/oder hinterfragen müssen:

- Es ist kaum vorstellbar, dass Missbrauchshandlungen unter den vorgenannten Bedingungen in dem kleinen Gebäude von den stets anwesenden Personen jahrelang unbemerkt geblieben sein sollen.
- Es ist völlig abwegig anzunehmen, dass der Beschuldigte sein Familienglück und seine beachtlichen beruflichen Erfolge im Beisein seiner beiden Töchter mit derartig öffentlichen und riskanten Aktivitäten aufs Spiel setzen würde.
- Obwohl bei den Ermittlungen der Abstellraum von der Kripo als Tatort besichtigt und fotografiert wurde, hat man die völlig abweichenden Darstellungen von Frau Coch (bewusst?) ignoriert. Weshalb die falsche Beschreibung dieses Tatortes und der Widerspruch zu den von der Kripo selbst erstellten Fotos nicht hinterfragt wurden, ist nicht nachvollziehbar.

Tatort 2 ***Gemeindehaus im Großen Saal***

Aussage Coch VP 21.6.2010	*Stellungnahme:*
• Die Beschreibung von Tischen, Stühlen, Fenster, Vorhängen	*ist richtig.*
• Angaben zu Wandbildern, Klavier und Schränken u.a.	*fehlen.*

Zitat Coch: *Ich stand hinter einem Vorhang und sah vor mir Übles. Ich lag in der Mitte des Raumes auf einem Tisch und wurde zum »Opfer.« Ich weiß nur noch, dass ich auf den Hof und auf die Menschen sehen konnte, die dort lang gehen. Ich glaube, sie waren auf dem Weg in den Garten.*

Das hätte man bei den Ermittlungen logischerweise hinterfragen müssen:

- Wie kann man sich selbst auf einem Tisch liegen sehen, wenn man gleichzeitig hinter einem Vorhang steht?
- Hat das Opfer um Hilfe gerufen, geweint oder sich sonst irgendwie bemerkbar gemacht?
- Weshalb haben Eltern und die drei Geschwister, spätestens nach der Rückkehr, keine Veränderung bemerkt?
- Wie haben die Menschen reagiert, die vorbeigingen und zusehen konnten?

Dies und ähnliche wichtige Fragen, die zur Klärung des Sachverhaltes beigetragen hätten, wurden nicht gestellt. Weshalb nicht? Befürchtete man, dass die auftretenden Ungereimtheiten die angeblich Geschädigte mehr belastet als unterstützt hätten?

Tatort 3 ***Das Schlafzimmer der Familie Emming***
VP 21.6./ 31.05.2010

Tina Coch hat das Haus von Familie Emming nur ein Mal in ihrem dritten Lebensjahr betreten. Ihre Mutter musste an einem Vormittag eine dringende Erledigung machen und benötigte für zwei Stunden einen Babysitter. Meine Frau half aus. In diesen zwei Stunden saß das Kind auf den untersten Stufen im Treppenhaus und heulte und jammerte die ganze Zeit nach seiner Mutter, bis diese endlich wieder zurückkam. Seitdem hat sie dieses Haus nie mehr betreten, also auch nicht den angeblichen Tatort im 1. OG.

Frau Coch sagte zu diesem Tatort und dem Missbrauch aus:	*Stellungnahme:*
• Ich erinnere mich an einen Übergriff im Hause Emming.	*Es gab keinen!*
• Ich muss dort übernachtet haben, im Schlafzimmer.	*Das ist falsch.*
• Meine Eltern können sich jedoch nicht daran erinnern.	*Es gibt nichts zu erinnern.*
• Eine Freundin kann sich an <u>zwei</u> Übernachtungen erinnern, davon eine zusammen mit meinem jüngsten Bruder.	*Es gibt nichts zu erinnern.*

Es gab noch eine ganze Reihe weiterer Angaben, die aber alle nicht richtig waren. Schon ein kurzer Besuch einer Ermittlungsperson im Hause Emming hätte das sofort feststellen können. Aber so ein Besuch hat nie stattgefunden. Erstaunlich!

Vielleicht wurde die Kripo durch die Schilderung dieses Details davon abgehalten:

• Der Beschuldigte zog seine schwarzen Lederschuhe aus.	*Das ist falsch.*
Schuhe werden aus hygienischen Gründen immer im Eingangsbereich ausgezogen.	

- Der Verdächtige legte sehr sorgfältig seine Schnürsenkel in die Schuhe. Daran kann ich mich sehr gut erinnern. *Das ist falsch.*
- Aber bei Familie Altmann wohnte vorübergehend ein asiatischer Student.
- Der hatte eine Gehbehinderung und musste deswegen immer, auch im Hause, hohe schwarze orthopädische Schuhe tragen, die geschnürt waren. Auch hier wieder ein Bezug auf asiatische Gäste, der nicht direkt angesprochen werden durfte.

Fragen, die bei den Ermittlungen zu diesem Vorwurf nicht gestellt wurden. Oder wurde nichts protokolliert, weil Frau Coch keine Antworten geben konnte? Beispielsweise –

- über Möbel, Wandbehang, Bilder oder Besonderheiten in Schlafzimmer und Treppenhaus
- zum Zeitpunkt wann und weshalb Übernachtungen erfolgt sein sollen
- von wem das Kind zum Hause Emming gebracht und wieder abgeholt wurde
- welche Toiletten- und Waschgelegenheiten vorhanden waren und benutzt wurden
- wo die Ehefrau und die beiden Töchter im Hause geschlafen haben
- wann, wie, wo und was es zu essen und zu trinken gab
- weshalb sich die Eltern an mehrere aushäusige Übernachtungen erinnern können, jedoch nicht an eine einzige im Hause des Beschuldigten

- weshalb die Freundin mit ihren Erinnerungen an zwei Übernachtungen nicht befragt wurde

Fairer Weise sollte man den zeitlichen Abstand zwischen den behaupteten Taten und deren Offenbarung nach fast drei Jahrzehnten würdigen. Zu beachten ist auch, dass die »Erkenntnisse« des Missbrauchs auf Träumen beruhen. Die Zeugin hat sich demnach nicht erinnert, sondern über einen längeren Zeitraum nach Erklärungen für ihren eigenen Zustand, d.h. ihrer psychischen Erkrankung gesucht. Die erst im Laufe eines Jahres »tröpfchenweise« entstandenen detailreichen Schilderungen können nach Meinung von Experten nicht aus einem Traum sondern nur aus zielbewussten Überlegungen herrühren. Menschen können sich auch Erinnerungen an Ereignisse einreden, obwohl diese gar nicht stattgefunden haben. Auf die damit angerichteten Schäden bei anderen wird keinerlei Rücksicht genommen.

Tipps zur Sache

Erarbeiten Sie sich sachdienliche Fragen zu Aussagen oder Lücken der Gegenseite und achten Sie darauf, dass Sie die Wahrheit Ihrer Antworten dazu auch belegen können, z.B. durch Fotos. Sollten Sie von einer Ermittlungsperson befragt werden, dann nehmen Sie »das Heft« in die Hand und stellen passende Fragen aufgrund der Lücken in den Ermittlungsprotokollen. Aber sagen Sie nicht auch die Antworten dazu. Diese sollen ja von der Gegenseite eingebracht werden! Geben Sie Ihre Erkenntnisse nur Ihrem Rechtsanwalt und Verteidiger und dringen Sie darauf, dass er daraus eine Stellungnahme für die Staatsanwaltschaft erstellt und in einer angemessenen Frist diese auch übermittelt.

Lassen Sie sich nicht leichtfertig vertrösten. Es könnte sein, dass sich der RA nur Arbeit ersparen will, aber dafür wird er ja von Ihnen sicherlich nicht bezahlt. Darum kontrollieren Sie, ob und was Ihr RA gegenüber der StA unternommen hat. Scheuen Sie sich nicht, ihm notfalls Druck zu machen.

Erster Versuch der Staatsanwaltschaft zur Einstellung des Verfahrens

Die acht Monate andauernden Ermittlungen aufgrund der Anzeige vom März 2010 haben gemäß § 170 Abs. 2 der Strafprozessordnung keinerlei stichhaltige Tatsachen und Begründungen erbracht, um eine öffentliche Klage beim zuständigen Gericht zu erheben. Außerdem sei ein Teil der angeblichen Tatvorgänge inzwischen verjährt. Daher sollte das Ermittlungsverfahren eingestellt werden.

Als Frau Coch, woher auch immer, davon erfuhr, bat sie die zuständige Staatsanwaltschaft persönlich um eine weitere Vernehmung. Ihr seien neue wichtige Erkenntnisse in Erinnerung gekommen. Diese erneute Vernehmung durch eine Ermittlungsperson wurde ihr auch am 15.12.2010 und 07.02.2011gewährt.

Aber entgegen ihrer Ankündigung wurden keine weiteren und neuen Informationen abgegeben sondern vollkommen neue Tathandlungen, die zuvor in keiner der zahlreichen »Erkenntnisse« auch nur angedeutet waren. Dafür fuhr sie nun ganz schwere Geschütze auf und gab zu Protokoll, dass sie unter gleichzeitiger Gewaltanwendung vom Beschuldigten *vergewaltigt* worden sei. Und ihr jüngster Bruder in einem separaten Vorgang ebenfalls. Offenbar beherzigte sie die Volksweisheit: »Doppelt genäht hält besser.«

In solchen Fällen kennt der Gesetzgeber zu Recht kein Pardon. Deshalb beginnt bei einer Vergewaltigung die Verjährungsfrist erst mit der Volljährigkeit des Opfers zu zählen und dauert von da an noch ca. 20 Jahre. Somit konnte das Verfahren nun doch nicht eingestellt werden. Es wurde weiter ermittelt. Ein genialer Griff in die Trickkiste der Manipulation. Dass diesem eindeutigen Missbrauch des Strafrechts nicht Einhalt geboten werden konnte, ist einem Laien nur sehr schwer verständlich zu machen. Oder hätte mein Rechtsanwalt etwas dagegen unternehmen können, aber nichts getan?

Tatort 4 ***Ein Matratzenlager. Neue ungeheuerliche Vorwürfe***

Frau Coch gab sehr ausführlich und detailliert die Vorgänge ihrer völlig aus der Luft gegriffenen Vergewaltigung unter Gewaltanwendung zu Protokoll. Zu den druckreif geschilderten Vorgängen kann der Beschuldigte keine Stellung nehmen. Er war nicht dabei! Er wurde auch nie dazu befragt!

Auch zu diesen schwerwiegenden Vorwürfen, die sogar

eine Gefängnisstrafe nach sich ziehen können, wurden viele ganz logische und klärende Fragen bei den Ermittlungen nicht gestellt oder nicht protokolliert, z.B.

- In welchem Gebäude und Stockwerk befand sich das geschilderte Matratzenlager?
- Wie kommt es, dass weder Eltern noch die drei Geschwister das Kind am Abend vermisst und das zu Protokoll gegebene Schreien und Weinen nicht gehört haben?
- Wie kommt es, dass die angeblich Geschädigte statt in ihrem Zimmer plötzlich nachts mit ihrem Kuschel-Affen irgendwo auf einem Matratzenlager liegt?
- Wie konnte die Geschädigte in dem nach ihren Angaben völlig dunklen Raum zwar einen zweifarbig gemusterten Schlafanzug mit Knöpfen erkennen, aber nicht die Person, die darin steckte?
- Bei aller Hellsichtigkeit fehlt der angeblich Geschädigten auch jede Erinnerung daran, wann und wie sie und der Täter vom Matratzenlager wieder weggekommen sind und wohin sie in ihrer Nachtwäsche verschwanden.

Auf die fantasievolle Beschreibung der angeblichen Vergewaltigung des Bruders wird hier ebenfalls nicht eingegangen. Es gab keinen derartigen Vorfall, auch wenn die Schwester aussagt, sie hätte persönlich hinter einem Vorhang gestanden und alles genau beobachten können. Eine Befragung des Bruders zu diesem Vorgang durch eine Ermittlungsperson hat auf Bitten von Frau Coch nicht stattgefunden. Auch das gehört zu den vielen Merkwürdigkeiten dieses Ermittlungsverfahrens.

Ich habe meinen Rechtsanwalt bedrängt, eine schriftliche Anfrage an den angeblich missbrauchten Bruder zu richten, um diese unverschämte Beschuldigung zu entlarven. Doch der Anwalt hat dieses Ansinnen von mir strikt abgelehnt und mich davor gewarnt, hier eigenmächtig zu handeln. Wir würden mit solch einer Aktion in die Ermittlungen der Staatsanwaltschaft eingreifen, und das sehe man dort sehr ungern. Das leuchtete mir ein.

Manche Leute aus unserem Bekanntenkreis waren der Meinung, dass man sich solche Verdächtigungen nicht einfach ausdenken könne. Wo Rauch ist, muss auch Feuer sein, denkt man. Ach wirklich?

Ich lese im Dezember 2012 in den Medien die fette Überschrift: Vergewaltigung in Kaserne war frei erfunden. Eine nach eigenen Angaben in einer Kaserne vergewaltigte Soldatin hat das Verbrechen frei erfunden. Die 25-jährige Unteroffizierin hat den sexuellen Übergriff nur vorgetäuscht. Die Staatsanwaltschaft kam ihr rasch auf die Schliche. Warum die Soldatin diese Lügengeschichte in die Öffentlichkeit brachte haben die Medien leider nicht berichtet. Aber die Medien liefern täglich Anschauungsmaterial genug zur Konstruktion eigener fantasievoll und kreativ erfundener Storys, mit denen man sich interessant und wichtig machen kann.

Schlussbemerkungen

Alle Angaben von Tina Coch, von der handgeschriebenen Anzeige bis hin zu den Aussagen in den umfangreichen Ermittlungsprotokollen, entspringen ganz offensichtlich den

Fantasien eines Menschen, der Wunsch und Wirklichkeit, Traum und Realität nicht ordnungsgemäß trennen und auseinanderhalten kann oder will, um damit ein bestimmtes Ziel zu erreichen.

Ich habe u.a. die vorstehenden Stellungnahmen meinem Rechtsanwalt übergeben mit der Bitte, diese zur Beschleunigung der Ermittlungen an die Staatsanwaltschaft weiterzuleiten. Er hat es nicht getan. Seine Begründung lautete stereotyp: Bei einer Strafsache muss der/die Geschädigte den Nachweis der Tat erbringen. Alles, was wir zu den Akten geben, erhält auch die Gegenseite. Und die hat dann Zeit und Gelegenheit, alle Argumente auseinanderzunehmen, und sei es nur mit dem Hinweis, dass Frau Coch ja psychisch belastet sei und sich dadurch Wahrnehmungsstörungen ergeben können, z.B. im Hinblick auf Haarfarbe und Frisur des Täters, Fenstergrößen am Tatort 1 und anderen Aussagen zum Tatgeschehen.

Das leuchtet mir als unbedarften Laien zunächst auch ein. Und so verschwanden meine Ausarbeitungen im Aktenschrank meines ersten Rechtsanwaltes. Wir wollten sie wieder hervorholen, wenn das Ermittlungsverfahren eingestellt oder wenn es entgegen unseren Erwartungen doch zu einer Gerichtsverhandlung kommen sollte. Wenn ich die Konsequenzen aus dieser Fehlentscheidung auch nur geahnt hätte, die Belege wären von mir persönlich zur Staatsanwaltschaft hingetragen und übergeben worden.

Hierzu passt das Zitat eines Richters
aus einem Strafprozess (sinngemäß) FNP 18.10.2011
Staatsanwaltschaft und insbesondere das Gericht müssen sich auf stichhaltige und belegbare Beweise verlassen können, die aus den Ermittlungen hervorgegangen sind. Liegen solche Beweise nicht vor, ist keine ausreichende Würdigung des Tatgeschehens möglich. Das Gericht muss jeden Zweifel an der Aussage des Opfers, d.h. des Geschädigten, ausschließen können.

Anmerkung des Beschuldigten
Ehrlich gesagt, habe ich mich über die sehr einseitige und lückenhafte Befragung der Zeugen im Ermittlungsverfahren sehr verwundert und geärgert. Nun aber, nach diesem Zitat eines Richters, ist mir die Oberflächlichkeit vielleicht sogar nützlich. Es ist nicht ein stichhaltiger und belegbarer Beweis durch die Ermittlungen erbracht worden. Sämtliche protokollierten Aussagen können aufgrund meiner eigenen Überlegungen, meiner Notizen und meines Hintergrundwissens unstreitig widerlegt werden. Wäre es zu einem Verfahren vor Gericht gekommen, hätte man meine Unschuld binnen kürzester Zeit eindeutig feststellen können.

Der Zufall beantwortet wichtige Fragen

1. Zufällig lese ich in einer Zeitung: Die Arbeitsgemeinschaft »Keine Gewalt gegen Frauen und Kinder« veranstaltete eine Fachtagung. Referenten aus Medizin, Beratungsstellen und Polizei erzählten von ihren Erfahrungen. Betroffene

Frauen wurden ermutigt, Anzeige zu erstatten und sich mit dem Missbrauch intensiv auseinanderzusetzen. Einer der Referenten sagte laut Pressebericht u.a.: *Es gibt Fälle, in denen ein Verfahren aufgenommen wurde, weil die Frau glaubwürdiger war als der angeklagte Täter. Auch wenn der Täter sich sicher fühlt, gibt es inzwischen viele Wege, ihn zu Fall zu bringen.* Ob man da wohl von meinem Fall sprach? Man sollte dem Referenten einmal Folgendes deutlich machen: Es ist nicht Aufgabe eines Ermittlungsverfahrens, darüber zu befinden, wer glaubwürdiger ist, Mann oder Frau. Es ist auch nicht die Aufgabe der Ermittlungspersonen, nach Wegen zu suchen, wie man einen vermeintlichen Täter zu Fall bringen kann.

Natürlich habe ich meinen RA gefragt, ob man aufgrund einer nachweisbaren Parteilichkeit und Voreingenommenheit einen Wechsel der Ermittlungsperson beantragen und erreichen könne. Seine klare Antwort lautete: *Vergessen Sie das ganz schnell wieder, es geht nicht.*

2. Zufällig entdecke ich ein Video vom 25. Juni 2009, worin in der TV-Sendung Panorama die Verurteilung eines zu Unrecht des Missbrauchs Beschuldigten geschildert wird. Seine Verurteilung basiert fast vollständig auf den Aussagen des vermeintlichen Opfers, das unter einer psychischen Störung, dem Borderline Syndrom, gelitten hat. Am 23.Sept. 2010 flimmerte der Fall erneut über den Bildschirm und man konnte sogar das Manuskript des Beitrages als PDF Dokument downloaden. http://daserste.ndr.de/panorama/archiv/2010.

Die zeitliche Nähe und die in vielen Dingen festgestellt

große Ähnlichkeit des Sende-Beitrages und der von Frau Coch vorgetragenen Anschuldigungen lassen den Gedanken aufkommen, dass da Zusammenhänge bestehen. Aber es ist nach heutigem Stand der Dinge uninteressant, dies im Detail zu dokumentieren.

Ich bin sowohl der Staatsanwaltschaft als auch meinem Rechtsanwalt sehr dankbar, dass sie ideologiefrei auf die »traumhaften« Aussagen der Anklägerin reagiert haben. Daraus kann man sehen: **Es kommt selten so schlimm, wie man geglaubt hat, aber auch nie so gut, wie man gehofft hat.**

Noch eine überlegenswerte Weisheit zum Schluss

* Nicht das, was wir verstehen ist entscheidend, sondern das, was wir noch lernen können.
* Nicht das Bekannte sondern das Unbekannte macht unser Leben interessant und farbenfroh.
* In der Unsicherheit denken wir Neues, in der gleichbleibenden Sicherheit wird das Leben langweilig und schläft sogar langsam ein.

Ein guter Freund schrieb mir in einem Brief einige Zeilen in freier, sinngemäßer Anlehnung an Theodor Fontane:

Überlasse es der Zeit

Erscheint dir etwas unerhört,
bist tiefsten Herzens du empört,
bäume dich nicht auf, versuch es nicht mit Streit,
berühr es nicht, überlass es der Zeit.

Am ersten Tag wirst du feige dich schelten,
am zweiten lässt du dein Schweigen schon gelten,
am dritten hast du es überwunden.
Alles ist wichtig, wenn auch nur für Stunden.

Ärger ist Zehrer und Lebensvergifter,
die Zeit ist Balsam und Friedensstifter.

Kapitel 4

Zu Risiken und Nebenwirkungen fragen Sie, – aber wen?

»Das Unbekannte macht einem immer am meisten Angst«

In der eskalierenden Situation der neuen Beschuldigungen tauchte nun doch die Frage auf: Nehme ich einen neuen Rechtsanwalt zur Hilfe?

Ich darf und kann als Laie keine Rechtsberatung abgeben. Doch es ist nicht verboten, meine persönlichen Erfahrungen zu schildern. Diese beziehen sich allerdings nur auf die Handlungen in meinem Strafrechts-Fall.

Eigentlich habe ich viel zu früh einen Rechtsbeistand eingeschaltet, der leider im Strafrecht nicht sehr versiert war. Das habe ich im Laufe der Zeit für die Lösung meines Falles als recht nachteilig empfunden. Nicht jeder Rechtsanwalt kann alle Rechtsstreitigkeiten vorteilhaft und sachdienlich bearbeiten. Deshalb gibt es Anwälte, die sich auf bestimmte Gebiete spezialisiert und darauf den Schwerpunkt ihres Wissens und Wirkens konzentriert haben, z.B. auf Verkehrs-, Familien-, Erb- oder auch Strafrecht. Wenn Sie einen RA Beistand benötigen, dann wählen Sie einen Spezialisten für Ihren Fall. Eine Anwaltskammer wird Sie gerne bei der Suche beraten.

Bei einem Ermittlungsverfahren im Strafrecht möchte man natürlich gerne wissen, was die Ankläger alles vortragen. Das schlägt sich in den Akten der Staatsanwaltschaft nieder. Und hier hat sich der Staat einmal recht bürgerfreundlich gezeigt. Es gibt ein Gesetz über

Akteneinsicht durch den Beschuldigten
(Infos aus Google im Internet)

In § 147 der StPO = Strafprozessordnung, wurde am 1.11.2000 der Absatz 7 angefügt, der besagt: Dem Beschuldigten, der keinen Verteidiger hat, sind auf seinen Antrag hin Auskünfte und Abschriften (Fotokopien) aus den Akten zu erteilen, soweit dies zu einer angemessenen Verteidigung erforderlich ist. (Wer bereits einen RA eingeschaltet hat, der muss über diesen die Akteneinsicht veranlassen.) Musterbrief und Ausnahmeregelungen sind unter dem Stichwort »Akteneinsicht durch den Beschuldigten« bei Google abrufbar.

Bei einem Zivilprozess (ZPO) ist die Akteneinsicht aus § 299 ZPO zu entnehmen.

Spätestens wenn Sie persönlich oder Ihre Familienmitglieder befragt und vernommen werden sollen, dann ist es je nach Temperament oder Erfahrung besser, sich einen im Strafrecht versierten Beistand zu holen. Denn was aus Ihrer Befragung protokolliert wird, das erhält auch die Gegenseite. Und da hilft Ihnen ein guter Rechtsanwalt, gravierende Fehler zu vermeiden, die sich später nachteilig für Sie auswirken könnten.

Ein neuer Rechtsanwalt muss her

Zwanzig Monate nach Einreichung der Anzeige platzte mir endlich der Kragen. Ich wollte mir nicht länger von einem fantasievollen Frauenzimmer und einer voreingenommenen Ermittlungsperson mein Leben bestimmen und negativ beeinflussen lassen. Viel zu lange habe ich geduldig auf das gehört, was mein Rechtsanwalt mir empfohlen hat. Das Abwarten und Tee trinken, bis die Staatsanwaltschaft reagiert und Beweise für meine Tat vorlegen kann, hat sich in meinem Fall als erfolglos und falsch erwiesen.

Man glaubt es nicht, wie es an Kraft und Gemüt zehrt, die Gedanken bewegt und gleichzeitig die guten Gedanken blockiert, wenn man mit ständig neuen, völlig absurden Tatvorgängen konfrontiert wird. Meine Frau und ich gingen inzwischen schwer genervt »auf dem Zahnfleisch«. Wenn nichts vorangeht und man selbst innerhalb von 20 Monaten noch nicht einmal bei den Ermittlungen zu Wort gekommen ist, gelangt man zu der Überzeugung, dass man hilflos und untätig einem unbegreiflichen und manipulierten Geschehen ausgeliefert ist. Und wir sind es nach nunmehr über drei Jahren immer noch. Unglaublich, aber wahr.

Ich rief bei der Staatsanwaltschaft an und beschwerte mich über den vermeintlichen Stillstand meiner Angelegenheit. Die Antwort hat mich sehr verblüfft: *Ihre Rechte werden von Ihrem Rechtsanwalt wahrgenommen. Wenden Sie sich an diesen, damit er Ihre Interessen zur Geltung bringen kann.* Peng! Dieser Schuss war ein Treffer. Mein Verteidiger hat also tatsächlich in 20 Monaten nichts unternommen, was zu meiner

Entlastung und Verteidigung förderlich gewesen wäre und wie wir es mehrfach vereinbart hatten.

Alle stichhaltigen Belege, die meine Unschuld beweisen konnten, waren nicht an die Staatsanwaltschaft weitergeleitet worden. Keine einzige Stellungnahme zu meiner Verteidigung hat mein RA erarbeitet, um meine Interessen zu vertreten. Die Strategie, *nur nichts unternehmen, nur nicht reagieren*, blockierte jeden Fortschritt in der Sache. Woher sollen denn von der Anklage her Beweise für eine Tat kommen, wenn keine Tat begangen worden ist? Diese Frage konnte mir der RA schon seit einem Jahr nicht befriedigend beantworten. Und ich unerfahrener Laie dachte, ich sei schon wegen der bemerkenswerten Honorarrechnungen in guten hilfreichen Händen.

Genau wie ich hat auch er nicht mit dem ganz offenbar parteiischen Ermittlungsverfahren einer Kriminalkommissarin gerechnet. Und mit den gekonnt vorgetragenen Fantasie-Geschichten meiner Gegnerin hatten wir beide bislang (Gott sei Dank) keine Erfahrungen sammeln können. Trotzdem wollte der RA noch immer an seiner erfolglosen Strategie festhalten. Da habe ich ihm im gütlichen Einvernehmen doch endlich das Mandat entzogen und mir einen Fachmann für das Strafrecht gesucht. Mit Erfolg.

Klug wird jeder. Der eine vorher, der andere leider erst hinterher.

Ein bekanntes Sprichwort sagt: *Wer um seine Rechte kämpft, der kann verlieren; wer aber nicht kämpft, der hat schon verloren.*

Wenn Sie einen für Ihren Fall versierten Anwalt suchen,

dann nutzen Sie die Informations- und Hilfsmöglichkeiten einer Rechtsanwaltskammer, Körperschaft des öffentlichen Rechts, die für Ihren Wohnort zuständig ist, z.B. für Frankfurt am Main

http://www.rechtsanwaltskammer-ffm.de oder auch
www.anwaltsauskunft.de

Nach der ersten telefonischen Kontaktaufnahme mit dem neuen RA erhielt ich umgehend eine Terminvereinbarung und die schriftliche Aufforderung: *Ich bitte Sie, bis zu unserem Gesprächstermin sämtliche Kontakte mit der Geschädigten, deren Eltern und sonstigen Personen des Verfahrens, einschließlich Polizei (Ermittlungsbeamte) und Staatsanwaltschaft ausdrücklich zu unterlassen.*

Dem neuen Anwalt habe ich den Sachverhalt geschildert und ihm eine aktualisierte komprimierte Zusammenfassung meiner Stellungnahmen zu den vorliegenden Ermittlungsprotokollen übergeben. Damit konnte er sich schnell einen Einblick in das Verfahren verschaffen und die Ungereimtheiten und Widersprüche feststellen. Und das war auch gut so, denn mit seiner fundierten und an Tatsachen orientierten Stellungnahme an die Staatsanwaltschaft kam rasch Bewegung in die Sache.

Tipps

- Unterstützen Sie Ihren Rechtsanwalt mit Ihrem Hintergrundwissen zu den protokollierten Beschuldigungen und Angaben.
- Vermeiden Sie langatmige Beschreibungen und Vermutungen zu einem Geschehen, wählen Sie besser die Form einer übersichtlichen Aufzählung mit Ihren Argumenten.
- Fragen Sie sich bei Ihren Gesprächen und Ausarbeitungen immer, wer die Zeit und Geduld aufbringen kann, lange Schriftstücke zu lesen und sich dabei auch noch Gedanken zu machen, wie daraus kurze und stichhaltige Argumente so formuliert werden können, dass sie andere überzeugen.
- Alles, was nicht zu einem guten Ziel führt, Abschweifungen und Ablenkungen, das lassen Sie erst einmal weg, es sei denn, Ihr Rechtsanwalt fragt Sie gezielt danach.
- Bedenken Sie, dass Ihr RA die Informationen in die »Juristensprache« übertragen und an die Staatsanwaltschaft weiterleiten muss.
- Lassen Sie in Ihren Ausführungen genügend Freiraum und Möglichkeiten, damit Leser sich eigene Meinungen bilden und einfügen können. Niemand will sich gerne vorgeben lassen, wie er eine Sache ansehen und beurteilen soll. Rechtsanwälte und Staatsanwälte führen andere Gedankengänge durch, als wir Laien es gewohnt sind. Darum gilt es auch hier den Spruch zu beachten: *In der Kürze liegt die Würze!*

Geht alles mit rechten Dingen zu?

Die Frage nach den Menschenrechten

Die haltlose Strafanzeige wegen des Missbrauchverdachtes hätte eigentlich schnell geklärt und vom Tisch sein können. Stattdessen wurden von der angeblich Geschädigten immer neue Vernehmungen verlangt, wurden bei den Ermittlungen so gut wie keine sachdienlichen Fragen gestellt und viele von der Staatsanwaltschaft vorgegebenen Zeugen nicht befragt. *Da läuft irgendetwas schief,* sagte ich mir. Darum wollte ich Klarheit zu der Frage:

Werden in diesem Verfahren meine Bürger- und Menschenrechte beachtet oder verletzt?

Innerhalb von nunmehr fast zwei Jahren wurde mir, dem Beschuldigten, weder mündlich noch schriftlich in dem Ermittlungsverfahren der »Anspruch auf rechtliches Gehör« gewährt. Die angeblich Geschädigte und ihre Eltern hingegen füllen aus mehrfachen Befragungen inzwischen fast 100 Seiten Protokoll, ohne auch nur einen einzigen stichhaltigen Beweis für das angezeigte Vergehen vorgetragen zu haben.

Ich nahm den »Tag der Menschenrechte« 2011 zum Anlass, an verschiedene juristische Institutionen eine Anfrage zu richten. Im Internet findet man zwar jede Menge Anschriften von Menschenrechtsorganisationen, die sich auf unterschiedliche internationale Themen spezialisiert haben. Aber ich fand keine Organisation, die sich für die Rechte eines *deutschen* Staatsbürgers einsetzt. Hier ist mir nach Rückfragen zum ersten Mal bewusst geworden, dass man in

Deutschland, im Gegensatz zu anderen Ländern, seine Menschenrechte gar nicht einklagen kann!

Meine Anfrage im Schriftverkehr lautete:

Am 23.3.**2010** wurde bei der Staatsanwaltschaft Strafanzeige gegen mich eingereicht. Die vorgetragene Anschuldigung ist nicht wahr und völlig aus der Luft gegriffen.

1. Bis heute, 15. November **2011** (also 20 Monate nach der Strafanzeige) wurde mir im Rahmen des Ermittlungsverfahrens der als Menschenrecht verbriefte Anspruch auf »rechtliches Gehör« nicht gewährt. Welcher Zeitraum ist noch als angemessen für dessen Gewährung anzusehen?
2. Kann man die bewusste Ausschaltung von Entlastungszeugen und große gegen § 160 der StPO verstoßende sachliche Lücken in der Zeugenbefragung noch als »faires Verfahren« im Sinne der Menschenrechte werten?
3. Welchen Schutz oder Hilfe darf ein Bürger erwarten, wenn er ganz offensichtlich zu Unrecht angezeigt wurde?

Helfen Sie mir bitte, damit ich an entsprechenden Stellen meine Rechte qualifiziert zum Ausdruck bringen kann. MfG

Sämtliche von mir angeschriebenen Institutionen haben geantwortet und sich sehr freundlich und einfühlsam geäußert: z.B. (gekürzte Auswahl)

Das Bundesverfassungsgericht in Karlsruhe schreibt: Außerhalb einer zulässigen Verfassungsbeschwerde hat das BVG keine Möglichkeit, auf Antrag eines einzelnen Bürgers hin tätig zu werden. Das BVG ist auch nicht befugt, allgemeine Rechtsauskünfte zu erteilen oder sonstige Hilfestellungen zu geben.

Die Hochschule für Rechtspflege in Mannheim vermerkt: Wir können Anfragen von Privaten nicht beantworten; wir sind nur für Politiker und deren Anfragen und Beratung zuständig.

Das Bundesminister der Justiz in Berlin antwortet: Ich kann mir gut vorstellen, wie belastend die gesamte Situation für Sie persönlich ist. Trotzdem muss ich Ihnen dazu leider mitteilen, dass das Bundesministerium der Justiz Ihnen aus rechtlichen Gründen leider nicht in der erhofften Weise behilflich sein kann. Zur Klärung des geschilderten Sachverhalts wenden Sie sich bitte an das Hessische Ministerium der Justiz in Wiesbaden.

Das Hessisches Ministerium der Justiz schreibt am 6.12.2011: Aufgrund Ihres Schreibens werde ich mir zu dem von Ihnen erwähnten Ermittlungsverfahren berichten lassen und Ihnen nach Erhalt des Berichts eine gesonderte Nachricht zukommen lassen.

Und tatsächlich, am 26. Januar 2012 kam die zweite Antwort: Aufgrund Ihres Schreibens habe ich mir von der Staatsanwaltschaft zum Verfahren berichten lassen. Aus dem Bericht ergibt sich, dass sie das Verfahren zwischenzeitlich eingestellt hat. Ihr Petitum dürfte sich dadurch erledigt haben. Mit freundlichen Grüßen.

Die Einstellung des Strafverfahrens; aber zu früh gefreut

Das Schreiben meines neuen Rechtsanwaltes und die Anfrage des Ministeriums haben offensichtlich bewirkt, dass bei der Staatsanwaltschaft meine Akte von unten nach oben gezogen wurde, um diesen für alle lästigen und ergebnislosen Fall endlich abzuschließen. Im Januar 2012 erhielt ich dann die Mitteilung: »Das Ermittlungsverfahren gegen Herrn Karl Emming wird eingestellt« gem. § 170 Abs. 2 der Strafprozessordnung.

Es erfolgt eine lange Beschreibung der Anklagepunkte und die Begründung der Einstellung des Verfahrens, aus der ich nur zwei Sätze zitieren möchte: *Nach dem Ergebnis der Ermittlungen ist ein zur Erhebung der öffentlichen Klage erforderlicher hinreichender Tatverdacht gegen den Beschuldigten nicht zu begründen.*

Der Schlusssatz des Schreibens lautet: *Da bei der vorliegenden Sach- und Beweislage eine Verurteilung des Beschuldigten nicht wahrscheinlich ist, war das Verfahren einzustellen.*

Man soll die Feste feiern, wie sie kommen. Wir freuten uns sehr, dass eine große Belastung endlich ihr Ende gefunden hat. Wir informierten die Familie, enge Freunde und natürlich auch unseren Gesprächskreis über den guten Abschluss des Ermittlungsverfahrens und die Bestätigung meiner Unschuld. Doch die Freude währte nicht lange. Wir hatten uns zu früh gefreut! Als Antwort auf verschiedene Schreiben an die EGL bezüglich der Einstellung des Ermittlungsverfahrens erhielt ich am 24.2.2012 nur das folgende Schreiben als Sammel-Antwort:

Zitat: *Auch uns belastet die Bearbeitungsdauer seitens der Polizei und der Staatsanwaltschaft, jedoch können wir hierauf keinen Einfluss nehmen. Ihre Ehrenämter ruhen auch weiterhin! Das Verfahren läuft noch, da seitens der Verletzten* ***Beschwerde*** *eingelegt wurde.*

Der Zustand »Schock und schwere Not« hat also seine Fortsetzung gefunden. Die Beschwerde wurde von einer neuen und auf Missbrauchsfälle spezialisierten RA-Kanzlei bei der Staatsanwaltschaft eingereicht. Nun befasste sich also die Generalstaatsanwaltschaft mit dieser Angelegenheit.

Die Rücksprache mit meinem neuen Rechtsanwalt nahm aber jede Aufregung weitgehend von uns, denn die Beschwerde musste innerhalb einer bestimmten Frist begründet werden. Dabei waren entweder neue und belegbare stichhaltige Tatsachen zum Tatgeschehen vorzulegen oder schwerwiegende Verfahrensfehler nachzuweisen. Beides konnte die Gegenseite nicht erbringen. Daher hat die Generalstaatsanwaltschaft die Beschwerde in Ermangelung neuer Erkenntnisse erwartungsgemäß im Juli 2012 verworfen.

Juristisch ist mein Fall nun endgültig erledigt und die Akten der Strafanzeige geschlossen. Aber damit war die Sache noch lange nicht für die EGL erledigt. Die hatte ja noch immer keinen Täter, um die Opferentschädigung von 2009 / 2010 intern zu rechtfertigen. Also wurden weitere Aktivitäten erforderlich. Die Risiken im Ehrenamt erforderten neue Nahrung. Wenn es um Geld geht, legen auch christliche Führungskräfte ihre Gesinnung gerne mal in eine Schreibtischschublade.

Zu Risiken im Ehrenamt fragen Sie, – aber wen?

Dass ein Ehrenamt mit solch außerordentlicher Belastung verbunden sein kann, das hätte sich meine Familie auch nie träumen lassen. Es muss endlich einmal an der Zeit sein, sich in der Öffentlichkeit mit solchen Risiken auseinanderzusetzen.

Immer wieder wird von den verschiedensten Stellen bekundet, wie hilfreich und wichtig die ehrenamtlichen Tätigkeiten unserer Bürgerinnen und Bürger sind. In vielen Medien wurde im August 2012 berichtet, dass sich laut Statistiken ca. jeder Dritte in Deutschland in irgendeiner Weise ehrenamtlich engagiert. Es gibt für jede Fähigkeit und Eignung sehr vielseitige Möglichkeiten und Organisationen, in denen man sich als junger und auch älterer Mensch einbringen kann. Solche wertvollen und Sinn gebenden Tätigkeiten für andere Menschen sind auf jeden Fall lobens- und empfehlenswert.

Da nimmt es nicht Wunder, dass der Hessische Rundfunk am 29.11.2011 in seiner Sendung »Im Gespräch« das Ehrenamt ausführlich behandelt und dafür mit verschiedenen Beiträgen geworben hat. Aber von Risiken, Nebenwirkungen, Problemen und sonstigen heiklen Fragen war, soweit ich das hören und erfahren konnte, nicht die Rede. Dies scheint mir ein leider völlig zu Unrecht verdrängter

Themenbereich zu sein. Es sollte jedoch unseren Bürgern, Politikern und auch den Nutznießern der ehrenamtlichen Tätigkeiten einmal ins Bewusstsein gerückt werden, dass es in diesem Engagement auch Ereignisse und Belastungen gibt, die sich massiv auf das gesamte Leben eines Menschen und seiner Familie auswirken können. Ich kann mir einfach nicht vorstellen, dass ich der einzige diesbezügliche Pechvogel in unserem Lande sein soll. Und damit steht die Frage im Raum:

Wohin kann man sich wenden, um im Konfliktfall Beratung und Hilfe zu erfahren?

Fragen und Antworten, ein Briefwechsel

Einer der großen Befürworter und Förderer der ehrenamtlichen Tätigkeiten ist naturgemäß der amtierende Bundespräsident. Daher konnte ich es mir nicht verkneifen, auch an das *Bundespräsidialamt, Abteilung 1 Inland, Bürgerbüro in Berlin* eine Anfrage bezüglich der ehrenamtlichen Tätigkeiten zu schreiben. Neben einer kurzen Schilderung meiner Situation stellte ich konkret drei Fragen:

1. Bestehen bestimmte Stellen, die Beratung und Hilfe geben, wenn man aufgrund seiner ehrenamtlichen Tätigkeiten zu Unrecht eines schlimmen Vergehens beschuldigt wird?
2. Gibt es eine Möglichkeit, die aufgrund einer ehrenamtlichen Tätigkeit unverschuldet entstehenden Rechtsanwalts- und Gerichtskosten ganz oder wenigstens teilweise

ersetzt zu bekommen? (Ich gab der Hoffnung Ausdruck, dass der Staat, in welcher Form auch immer, eine sog. »Rechtsschutzversicherung« für ehrenamtlich Engagierte unterhält.)

3. Besteht eine Versicherung für Unfallschäden, die der Ehrenamtliche bei seiner Tätigkeit erleidet oder eine Haftpflicht, wenn er aus Versehen bei Ausübung seines Ehrenamtes einen Personen- oder einen Sachschaden verursacht?

Ich bin sicher, dass es in unserer prozessfreudigen Zeit viele ehrenamtlich engagierte Menschen gibt, die nach Antworten auf diese und ähnliche Fragen suchen.

Die Antwort auf diese Anfrage

Das Bundespräsidialamt reagierte sehr freundlich

- mit Dank und Anerkennung für das langjährige ehrenamtliche Engagement,
- mit dem Bedauern, dass es nach dieser langen Zeit zu Problemen gekommen ist,
- mit Anerkennung für die Einschaltung eines Rechtsbeistandes, denn es ist dem Bundespräsidenten/Bundespräsidialamt nicht gestattet, Auskünfte zu rechtlichen Einzelfragen zu geben. Dem Amt liegen zu meinen Anfragen keine Informationen vor. Da der Bundespräsident nicht Teil der Bundesregierung sei, habe man meine Anfrage an das zuständige Bundesministerium für Familie, Senioren, Frauen und Jugend weitergeleitet, mit der Bitte, sich meines Anliegens anzunehmen.

Mich hat der Brief sehr beeindruckt und gezeigt, dass der Mann an der Spitze unseres Staates sich auf einen sehr qualifizierten und bürgerfreundlichen Mitarbeiterstab stützen kann!

Das *Bundesministerium für Familie* hat umgehend geantwortet und noch einmal ausdrücklich die Wichtigkeit der Förderung des bürgerlichen Engagements hervorgehoben. Auch hier gab es Dank und Anerkennung für das jahrelange Engagement. Auf meine drei gestellten Fragen gab es folgende Antworten: (etwas gekürzt)

zu 1. *Beratung und Hilfestellung* rund um das ehrenamtliche Engagement können die Anlaufstellen vor Ort geben. Das sind z.B. Freiwilligen Agenturen, Seniorenbüros, Mehrgenerationenhäuser, Nachbarschaftshilfe, soziale Einrichtungen oder kommunale Anlaufstellen.

zu 2. Die Übernahme von Gerichts- oder Anwaltskosten aus Mitteln des Bundes ist nicht möglich. Es gibt auch von »Amtswegen« keine entsprechende Rechtsschutzversicherung.

zu 3. Grundsätzlich sind alle Freiwilligen während der Ausübung eines Ehrenamtes über die Organisation bzw. den Träger bei denen sie tätig sind, haftpflicht- und unfallversichert. Näheres ist aus der Broschüre des Bundesministeriums für Arbeit und Soziales »Unfallversichert im Ehrenamt« zu entnehmen. *Abrufbar über Internet:* www.bmas.de/DE/Service/Publikationen/a329-zu-ihrer-sicherheit-unfallversichert-im-ehrenamt.html

Ich hoffe Ihnen mit diesen Informationen weitergeholfen zu haben. Mit freundlichen Grüßen. *Die Bundesministerin*

Ja, vielen Dank, kann man dazu nur sagen. Diese Informationen sind gut und helfen einem Ehrenamtlichen weiter, auch wenn die Frage nach den Risiken und Nebenwirkungen noch immer ein bedauerliches Schattendasein führt.

Es gibt Hilfs- und Beratungsmöglichkeiten. Man muss sich allerdings bei Bedarf der Mühe unterziehen, diese ausfindig zu machen und auch in Anspruch zu nehmen. Falls es mehrere Möglichkeiten gibt, sollte man diese auch nutzen. Dann stellt man sein Wissen auf eine breitere Basis. Und das kann eine Menge Fehler, Kummer, Kosten und Ärger vermeiden helfen.

- *Das Bayrische Staatsministerium für Arbeit und Sozialordnung* stellt Informationen zum landesweiten Aufbau von »Koordinierungszentren Bürgerschaftliches Engagement« und zur Ehrenamtsversicherung ins Internet. www.stmas.bayern.de/ehrenamt/
- *Die Hessische Landesregierung* unterhält ein Themenportal mit Informationen rund um das Ehrenamt im Internet. www.gemeinsam-aktiv.de
- Die *Landesehrenamtsagentur* berät als Service-Stelle zu Fragen rund um das Ehrenamt.
- In anderen Bundesländern gibt es ähnliche Einrichtungen.

Ein Thema, das auch die »Ehrenamtlichen« betreffen kann, ist das ***Mobbing.*** Die Gründe dafür sind sehr vielfältig, wenn auch nicht immer ganz eindeutig. Viele Betroffene ziehen sich dann zurück, kündigen und gehen fort oder werden gar krank vor Ärger. Aber man kann sich auch wehren. Schnelle und qualifizierte Hilfe bietet z.B. die »Frankfurter Mobbing Hotline.«

Jeden Dienstag und Donnerstag laufen von 17:00 bis 19:00 Uhr die Drähte heiß. Im Hintergrund steht ein breites Netzwerk aus Spezialisten.

Telefon: 0175 / 7443053 oder 0175 / 7447425

Internet: www.mobbing-frankfurt.de

Versicherungsfragen im Ehrenamt

Während der ehrenamtlichen Tätigkeiten ist man offenbar automatisch von dem Träger, bei dem man sich engagiert, (Sportverein, Nachbarschaftshilfe, Altenheim, Kirche etc.) Unfall- und auch Haftpflicht versichert. Um jedoch jedem Risiko und Zweifel aus dem Wege zu gehen, sollte man die Versicherungsfrage *vor Beginn* einer ehrenamtlichen Tätigkeit klären, denn es gibt sicher eine Reihe von Ausnahmefällen. Nicht jede Stelle, die Ehrenamtliche beschäftigt, hat solche Pauschal-Versicherungen abgeschlossen; aus welchen (Kosten-) Gründen auch immer.

Achtung! Wenn Sie sich privat d.h. außerhalb einer Institution ehrenamtlich für einen oder mehrere andere Mitmenschen engagieren, sind Sie demnach nicht unfall- und haftpflichtversichert. Und wenn Sie im Rahmen dieser Hilfsbereitschaft einen Schaden anrichten, dann zahlt das auch Ihre *Private Haftpflichtversicherung* nicht. Wenn Sie in Ausübung einer (sozialen oder gut gemeinten) Tätigkeit, z.B. bei einer Nachbarschaftshilfe, etwas kaputt machen, ist das nicht abgedeckt. Fragen Sie daher im Zweifelsfalle vor Aufnahme einer Tätigkeit Ihre Versicherung und lassen Sie sich die Antwort schriftlich geben, um später im Bedarfsfalle langatmige Streitereien zu vermeiden.

Meine Haftpflichtversicherung zahlte einen von mir angerichteten Schaden bei der Hilfe für eine behinderte Nachbarin von rd. 100 Euro nicht mit der Begründung: *Der Schaden ereignete sich anlässlich einer sog. Gefälligkeitshandlung. Für diese hat die Rechtsprechung besondere Haftungsmaßstäbe entwickelt.* *) *Wer einem anderen hilft, darf darauf vertrauen, von diesem nicht für jedes Missgeschick verantwortlich gemacht zu werden. Hat der Helfende den Schaden nur durch ein einfaches Versehen verursacht, muss er ihn nicht ersetzen. Da Sie den Schaden nicht zu ersetzen haben, können auch wir als Versicherer keine Zahlung leisten. Wir bitten um Verständnis.*

*) Von diesen besonderen Haftungsmaßstäben steht nichts in meiner Versicherungspolice und sie wurden auch den Versicherungsnehmern nicht mitgeteilt. Soll ich wegen 100 Euro mit einer großen Versicherung einen Prozess anfangen? Wirklich nicht. Der Versicherte zieht dabei nur den Kürzeren und wirft sein gutes Geld und seine Nerven zum Fenster hinaus.

Auch über diese Art von Risiken und Nebenwirkungen sollte man die hilfsbereiten Menschen nicht länger im Unklaren lassen.

Vergelte nicht Böses mit Bösem

Worte werden gerne als Waffe eingesetzt, auch bei ehrenamtlichen Tätigkeiten. Damit können tiefe Wunden geschlagen und viel Vertrauen und Beziehungen zerstört werden. Die Aussicht, dass diese Narben im Laufe der Zeit, im Verlauf eines Lebens, heilen und keine Spuren zurücklassen, ist erfahrungsgemäß recht gering.

Aber das Leben geht weiter. Und es gilt, sehr darauf zu achten, dass diese Wunden und Narben nicht im Mittelpunkt unseres Lebens stehen und dass sie nicht unsere Gedanken und die persönliche Lebensgestaltung blockieren und gefangen nehmen.

Der Apostel schreibt in seinem 1. Petrus-Brief, Kapitel 3, Vers 9 etwas, was auch heute noch für uns sehr aktuell ist: *Vergeltet nicht Böses mit Bösem. Wenn euch jemand übel mitspielt, dann zahlt es ihm nicht mit gleicher Münze heim.* Und er begründet das ganz logisch mit einer realen Beobachtung: *Wer sich am Leben freuen und gute Tage sehen und erleben will, der soll sich davor hüten, böse Worte, Gemeinheiten oder Lügen zu sagen (oder zu schreiben). Das wird immer unangenehm und nachteilig auf ihn zurückfallen. Es ist viel besser, sich vom Bösen abzuwenden und es nicht zum Zuge kommen zu lassen, sondern vielmehr den Frieden zu suchen und das Gute zu tun.*

Zugegeben, die Empfehlung des Petrus ist leichter gesagt, als getan. Mir hat es dabei sehr geholfen, wenn ich meinen Ärger und Frust *in einem Brief* rauslassen und ihn beim Schreiben verarbeitet konnte. Nach der Niederschrift habe ich meine Zeilen gelesen, Fehler korrigiert und Formulierungen präzisiert, beleidigende Möglichkeiten geglättet und das Ganze auf Länge und interessante, wahre Darstellung hin überprüft.

Dann aber habe ich mich selbst gefragt:

- Was will ich mit diesem Brief beim Empfänger bewirken oder erreichen?
- Sind meine Aussagen, Vorwürfe oder Kritiken vernünftig und richtig oder sind sie eher polemisch, provozierend und auf negative Reaktionen hin ausgelegt?
- Wird der Brief den Empfänger ärgern, erschrecken oder zu einem positiven Nachdenken anregen? Sie wissen es nicht, denn die Reaktion des Empfängers ist unberechenbar.
- Wird der Brief eher zum Frieden oder Unfrieden, eher zur Lösung oder Verschärfung der bestehenden Beschuldigungen beitragen?
- Wird Schuld zugeteilt oder zeigt man Verständnis und lässt ein Hintertürchen für eine friedliche Einigung offen?
- Wird der Brief Gräben zuschütten oder wird er bestehende Gräben weiter aufreißen?
- Wird der Briefinhalt mir meine Lebensfreude im Endeffekt vergällen oder trägt er dazu bei, wieder gute Tage sehen und erleben zu können?

In fast allen Briefentwürfen werden Sie bemerken, dass eine Menge Risiko zum Negativen darin enthalten ist. Und spätestens das ist der richtige Zeitpunkt, wo Sie auf dem Briefkopf vermerken sollten: *»Entwurf! Dieser Brief wurde NICHT an den Empfänger weitergeleitet.«*

Und dann heften Sie den Brief ab. Sie sollten ihn nicht zerreißen und wegwerfen, denn so manchen Gedanken daraus könnten Sie ja irgendwann noch einmal verwenden.

Das Schreiben eines Briefes ordnet Ihre Gedankengänge und gibt Ihnen Genugtuung und Befriedigung. In zahlreichen Schriften findet man einen dazu passenden Weisheitsspruch:

Folge in allem dem guten Inhalt deines Herzens.
Im Herzen eines jeden Menschen leben zwei futterneidische Wölfe.
Füttere nicht den bösen Wolf, sondern den guten, der in dir wohnt.
Dieser soll groß und stark genug werden, um den bösen Wolf
klein und schwach zu halten.
Das wird deine Lebensqualität sehr positiv fördern.

Zorn ist so alt wie die Menschheit. Schon der kluge König David schreibt dazu in Psalm 37, Vers 8:

Lass dich nicht von Zorn und Wut überwältigen, denn wenn du dich ereiferst, gerätst du schnell ins Unrecht.

Die Klugen unter uns werden von den praxisnahen Lebensweisheiten unserer Vorfahren das lernen, was das Leben besser bestehen und lebensfroher gestalten lässt.

Risiken im Ehrenamt, vier Beispiele

1. Die verschwundene Goldkette
   Wohin kann sich die ehrenamtlich tätige Helferin wenden, wenn eine von ihr regelmäßig im Altenheim besuchte ältere Dame plötzlich behauptet: *»Meine Goldkette ist weg.«* Und sogleich wird das Urteil gefällt: *»Die kann*

nur die Ehrenamtliche an sich genommen d.h. entwendet haben. Dem angestellten Pflegepersonal im Heim vertraue ich voll und ganz. Die kümmern sich ja, im Gegensatz zu der Externen, täglich sehr nett um mich.«

Die Ehrenamtliche hatte die Goldkette nicht mitgehen lassen und entwendet. Doch was nutzten ihre Unschuldsbeteuerungen? Gar nichts! Sie erhielt trotz der grundlosen und ungeprüften Beschuldigung ein sofortiges Hausverbot. Der Kummer und Ärger über diese ungerechte Behandlung vergällten ihr den Alltag und die Lebensfreude. Obwohl zum Glück keine Strafanzeige erfolgte, war das Ganze sehr demütigend und niederschmetternd, schmerzhaft und deprimierend für sie. Wenn solch eine Anschuldigung im Bekanntenkreis der Betroffenen in Umlauf kommt, dann würde der Fall sehr rasch zu einem Rufmord-Desaster, das nur schwer zu verkraften wäre.

Wohin kann sich diese unschuldig Verdächtigte wenden, um Beratung und Hilfe zu erfahren? Und was will sie damit bewirken und erreichen? Sie fand darauf seinerzeit keine Antwort.

Ich kann zunächst nur an die bereits erwähnten **Tipps** erinnern:

- Überlegen Sie es sich zehnmal bevor Sie jedem der es hören oder auch nicht hören will, Ihr Herz und Ihren Kummer ausbreiten. Ihr Reden mag Sie zwar im ersten Augenblick etwas erleichtern, aber es hilft Ihnen keinen Schritt weiter. Und was Ihre Gesprächspartner mit den neuen »sensationellen« Informationen anfangen, das ist erfahrungsgemäß auch nicht sehr hilfreich. Man kann jedoch sicher sein, dass der Vorgang in veränderter und aufgeplusterter Form auch an Ohren kommt, die damit Schaden für den oder die Betroffenen verursachen.

- Hier hilft es viel eher und mehr, sein Herz und seinen Kummer im stillen Kämmerlein in einem Gebetsgespräch vor Gott auszubreiten. Da können Sie frei und ohne Risiko Ihre Gedanken, Ihre Betroffenheit, Ihre Hoffnungen, Ihre Bitten und Ihr Vertrauen auf Hilfe aussprechen. Als Alternative bietet sich auch ein Gespräch mit einem zum Schweigen verpflichteten Pfarrer, Priester oder Facharzt an. Damit ist zwar die unwürdige Situation nicht aus der Welt geschafft, aber Sie beginnen, anders damit umzugehen, anders über den Vorfall und seine Beteiligten zu denken.
- Um die sich ständig mit der Beschuldigung befassenden Gedanken zu beruhigen und zu ordnen empfiehlt es sich, schriftliche Aufzeichnungen zu erstellen. Sehr hilfreich sind dabei an der Sache und an deren Aufklärung orientierten Fragen, z.B.
- Wann und aus welchem Anlass hat die alte Dame die Goldkette zuletzt getragen?
- Wann hat sie die Kette abgelegt, z.B. abends nach dem Essen, Umziehen, Waschen?
- Konnte die Kette ohne fremde Hilfe an- oder abgelegt werden?
- Wo wurde die Kette normalerweise aufbewahrt?
- Wann wurde die Kette erstmals vermisst?

- Welche Orte, Plätze, Begegnungen wurden vor dem Verlust aufgesucht?
- Wer hat wann und wo die Kette gesucht bzw. bei der Suche geholfen?
- Wer außer Ihnen und dem Personal hat die alte Dame noch besucht?
- Und ähnliche Fragen mehr.

Nachtrag: In dem geschilderten Fall tauchte die Goldkette nach einiger Zeit wieder auf. Sie war im Bett der alten Dame zwischen die Matratze und die Lattenrostauflage gerutscht. Doch das hörte die Verdächtigte zufällig von guten Bekannten. Weder von der anklagenden Goldkettchen-Dame noch von der Altenheimleitung war eine diesbezügliche Information geschweige denn eine Entschuldigung zu hören. Das Hausverbot wurde auch nicht zurückgenommen. Das wäre ja das Eingeständnis eines Fehlers gewesen, und das gilt schon lange nicht mehr als zeitgemäß. Es darf bezweifelt werden, ob sich die Beschuldigte nach dieser Erfahrung jemals wieder für andere Menschen engagiert oder sich für deren Hilfsbedürfnis interessiert. Schade!

2. Das verschwundene Sparbuch
   Im Altenheim lebte ein körperlich behinderter Mann. Ein ehrenamtlich tätiger Rentner hat es übernommen, ihn regelmäßig an zwei Wochentagen im Rollstuhl an der frischen Luft spazieren zu fahren, sich mit ihm zu unterhalten und ihn mit Schach und anderen Spielen geistig fit zu halten. Er machte Botengänge zu Behörden und erle-

digte kleinere Besorgungen und Gefälligkeiten. Es war ein gutes Team. Leider verstarb nach geraumer Zeit der betreute Mann. Damit war auch die Tätigkeit des Ehrenamtlichen beendet. So dachte der gute Helfer. Bis er einige Tage später Post von einem Rechtsanwalt und Notar bekam. Der Briefinhalt lautete sinngemäß:

Sehr geehrter –Name –!

Sie haben mit Herrn ABC im hiesigen Altenheim längere Zeit regelmäßig Beziehungen unterhalten. Es ist bekannt, dass Sie auch Besorgungen und Geldangelegenheiten für ihn erledigt haben. Nach dem Ableben von Herrn ABC stellen die Erben nun fest, dass ein Sparbuch, das der Verstorbene besessen hat, in der Hinterlassenschaft nicht mehr vorhanden ist. Die befragten Pflegekräfte des Altenheimes wissen nichts über den Verbleib des Sparbuches. Somit liegt die Vermutung nahe, dass sich das Sparbuch in Ihrem Besitz befindet.

Wir fordern Sie auf, das Dokument umgehend an uns auszuhändigen, andernfalls sehen wir uns veranlasst, juristische Schritte gegen Sie einzuleiten. Hochachtungsvoll.

Schock und schwere Not, dachte der ehrenamtliche Helfer, denn er wusste aus langjährigen Beobachtungen: *Wenn es um Geld geht, kennen Erben kein Erbarmen.* Ich weiß nichts von einem Sparbuch und ich habe auch keins an mich genommen. Ich klaue nicht. Die sollen mir den Buckel runter rutschen.

Zum Glück kamen ihm dann doch Bedenken. Was soll und kann ich nun gegen diesen Verdacht der Unterschlagung und des Diebstahls tun? Was soll ich diesem Notar antworten, ohne dass er mir daraus einen Strick drehen kann? Muss ich nun wirklich auf eigene Kosten einen Rechtsanwalt einschalten, um mir aus dem Verdacht herauszuhelfen?

Tipps für solche oder ähnliche unberechtigte Anschuldigungen bzw. Verdächtigungen:

- Ruhe bewahren. Gedanken ordnen und zu Papier bringen was einem einfällt.
- Wenn eine Antwort gefordert wird, wie im vorgenannten Beispiel, dann antworten Sie so einfach und so kurz wie möglich z. B. »Ich weiß von keinem Sparbuch.«, »Ich habe kein Sparbuch an mich genommen.«, »Ich empfehle, bei der Bank nachzufragen, mit der Herr ABC Beziehungen unterhielt.« *Mit freundlichen Grüßen*
- Nennen dabei Sie noch nicht einmal den Namen der Bank, auch wenn Sie ihn wissen. Die Gegenseite kennt diese Bank auch, aber allein aus der Namensangabe kann man etwas Nachteiliges gegen Sie konstruieren.
- Notieren Sie Ihre Beobachtungen und denken Sie sich *sachorientierte Fragen* aus für den Fall, dass die Gegenseite doch noch weiter gegen Sie vorgeht, z.B.
- welche Besucher gab es noch außer Ihnen, insbesondere auch solche, die ebenfalls Besorgungen machten?
- Wie häufig waren Verwandte (Erben) bei dem Behinderten zu Besuch und welcher Art war diese Beziehung, z.B. Kind, Ehepartner, Geschwister, etc. Sagen Sie nichts über Charakter-Eigenschaften, die Ihnen eventuell bekannt geworden sind, denn die können Sie nicht beweisen. Es sei denn, Sie können sie in eine Frage umformulieren,

z.B. in Richtung Spielschulden oder hoher Alkoholkonsum trotz Geldmangel, etc.

- Wie haben diese Besucher ihn unterstützt, sich um ihn gekümmert und Dinge erledigt?
- Was haben Sie aus Gesprächen über Geldangelegenheiten des Verstorbenen erfahren?
- Wie war das Verhältnis zu den Betreuern und Pflegepersonal im Altenheim?
- Gab es in diesem Heim die Möglichkeit, Wertgegenstände in einem Tresor zu deponieren oder gesichert aufbewahren zu lassen?

Auch hier gilt: Geben Sie solche Fragen und Ihr Wissen niemals an Dritte weiter! Schon gar nicht an den Notar der Gegenseite oder gar an die Erben selbst. Behalten Sie alles für sich, bis Sie es auch tatsächlich sinnvoll einsetzen und verwenden können. Auf jeden Fall bleiben Sie wachsam, denken Sie mit und denken Sie nach.

Machen Sie auf keinen Fall Bemerkungen zum Geld- und Bankgeschehen. Im Rahmen der Erbaufteilung kann der Notar von der oder den Banken alle relevanten Auskünfte einholen. Sie haben damit gar nichts zu tun, also machen Sie sich darüber auch keine Ängste und Gedanken.

Vermeiden Sie auf jeden Fall jeglichen Kontakt mit der Hausbank des Verstorbenen. Sie bekommen als Privatmann sowieso keine Auskünfte. Aber wenn die Gegenseite Ihren Kontaktversuch erfährt, und sie erfährt ihn mit Sicherheit, dann können Sie eine Menge Ärger bekommen. Einen Nutzen haben Sie von Ihrer Hilfsbereitschaft bestimmt nicht. Schalten Sie nicht voreilig einen Rechtsbeistand ein, sondern wenden Sie sich lieber an eine neutrale Beratungsstelle, z.B. bei einem Amtsgericht oder dem zuständigen Sozialamt. Und beachten Sie stets die Volksweisheit: *Mit Zank und Streit kommt man nicht weit*!

3. Ehrenamtliche vor dem Finanzgericht

Das Finanzgericht in München hat unter dem AZ 14K 1035/03 über ein besonders brisantes Risiko von Ehrenamtlichen geurteilt:

Ein süddeutscher Fan-Club hat seinen 20. Geburtstag mit einer großen Party gefeiert. Für die Musik hatte man eine tolle Band aus Italien engagiert. Alles lief super, die Party war ein voller Erfolg. Die Freude darüber hielt über ein Jahr an, dann kam das dicke Ende.

Auf die Gage/Einnahmen der Band wurde eine Steuerzahlung in Höhe von rd. Euro 13.000 fällig. Die Vereinskasse verfügte jedoch nur über rd. 1.000 Euro. Auf einen Schlag war der Fan-Club-Verein zahlungsunfähig und pleite. Er löste sich auf. Was sich damit jedoch nicht auflöste war die Steuerschuld. Die musste unabdingbar noch bezahlt werden. Und so traf es die beiden *ehrenamtlich* tätigen Vorsitzenden. Sie hafteten für den Verlust von Euro 12.000, denn in dem Vertrag mit der Band stand unmissverständlich: *Der Verein trägt sämtliche Aufwendungen und Abgaben, die mit dem Engagement der Band anfallen.* Offensichtlich hat man dabei an Fahrtkosten, Hotel und Verpflegung gedacht. Aber die volle Tragweite dieser Klausel war den beiden Vorsitzenden und ihren Beratern wohl nicht ganz klar gewesen.

Sie mussten die anfallenden Steuern an das Finanzamt begleichen.

Auch dieser Fall zeigt: Wenn es ernst wird, nutzt es den Ehrenamtlichen nichts, dass sie ihre Freizeit aus purem Idealismus zu Gunsten einer Gesellschaft eingesetzt haben. Sie müssen auftretende Probleme alleine lösen und alle damit anfallenden (Rechts-)Kosten auch selbst tragen. Im Zweifelsfall müssen Vereinsvorsitzende genauso den Kopf hinhalten wie ein Firmenchef. (Bundesfinanzhof AZ V II R4/98)

Fazit: Sichern Sie sich vertraglich richtig ab, bevor Sie die prestigeträchtige Aufgabe eines ehrenamtlichen Vereinsvorsitzenden oder ähnliche Verantwortlichkeiten übernehmen.

4. Drei Monate unschuldig hinter Gitter

Ein Freund erzählte mir kürzlich eine Begebenheit, die er vor einiger Zeit in einer Zeitschrift gelesen habe. Darin wurde von einem Ladenbesitzer berichtet, der fast drei Monate lang unschuldig im Gefängnis einsitzen musste. Er soll anderthalb Jahre vor seiner Verhaftung ein zehnjähriges Mädchen vergewaltigt haben, auf einem Stuhl in seinem Laden. Vorbeigehende Passanten hätten durchs Schaufenster mit zugesehen, aber nichts unternommen. Dann hätte er die Vorhänge zugezogen und die Tür verriegelt.

Dass es weder einen Stuhl noch Vorhänge oder Riegel in seinem Modegeschäft gab, das interessierte die Männer, die ihn aus seinem Laden abholten, in keiner Weise. Erst in seiner Zelle fing der Mann an, seine Lage zu begreifen und zu hinterfragen. Wer könnte ihm so etwas anhängen wollen? Ein Konkurrent, ein Kunde? Oder könnte es sein, dass ihn eine gezielte Kampagne traf, damit jemand, der eine Profilneurose hat, zeigen kann, wie streng und unbarmherzig er jeden Missbrauch ahndet?

Der Inhaftierte hatte noch Glück in seinem Unglück. Ein Jugendfreund, der Jurist ist, nahm sich engagiert seiner Sache an. Und sehr rasch wurde nun festgestellt, dass das Mädchen die Anschuldigung erfunden hat, weil ihr das so in den Kopf kam und sie auch einmal den Wunsch hatte, Aufmerksamkeit zu erregen und ins Fernsehen zu kommen um berühmt zu werden. Ohne diesen engagierten Jugendfreund hätte der Ladenbesitzer sicher wesentlich länger die Vollpension im Staatshotel »genießen« können.

Der Mann kam nach drei Monaten frei. Er war seelisch, geschäftlich und finanziell ruiniert. Dafür erhielt er Euro 25,– Haftentschädigung pro Tag, abzüglich Betreuungs- und Verpflegungskosten. Aber das macht das Leben eines Menschen, das leichtfertig wegen einer Lügengeschichte zerstört worden war, auch nicht wieder heil.

Erleichtert stelle ich nach dieser Geschichte fest, dass ich wenigstens nicht hinter Gitter gekommen bin. Dafür bin ich der Staatsanwaltschaft und den überfüllten Gefängnissen sehr dankbar. Wenn die gegen mich ergangene unberechtigte Strafanzeige in der Zeit erfolgt wäre, als ich noch kein Rentner war, hätte mich das ebenfalls nicht nur menschlich und gesellschaftlich getroffen, sondern auch geschäftlich und finanziell ruiniert. Doch darüber macht sich keiner der Mitwirkenden auch nur einen Gedanken. Die sitzen offensichtlich fernab vom Fußvolk auf einem hohen Ross über dem realen Lebensumfeld und leben gut und zufrieden von den Spenden- und Steuergeldern der Leute, die Arbeiten gehen.

Ich konnte es mir nicht verkneifen, dieses Gespräch niederzuschreiben und der EGL-Rechtsabteilung mit freundlichen Grüßen zu übersenden. Von dort hatte man nämlich vor einiger Zeit bei der Kripo angerufen, um eine Sachstandsmitteilung gebeten und gefragt, wann es denn endlich zu einem Gerichtsverfahren gegen mich, den Beschuldigten, kommen würde. Schließlich würde ich offenbar über keinerlei Unrechtsbewusstsein verfügen. Mir müsse endlich von den Strafbehörden das Unrecht meiner Tat deutlich gemacht werden. Dass diese Anfrage gegen geltendes Recht verstößt (die EGL ist weder als Geschädigte noch als Nebenklägerin an dem Verfahren beteiligt), scheint gewissen Leuten egal zu sein. Der übersandten Niederschrift fügte ich die Frage bei: *Wie sollen denn der inhaftierte Ladenbesitzer und meine Person ein Unrechtsbewusstsein entwickeln können, wenn wir beide unschuldige Opfer von bewusst erfundenen Handlungen sind?* Die Reaktion der EGL ist bis heute gleich Null.

5. Der unbegründete Verdacht auf Missbrauch

Nehmen Sie meinen vorliegenden Fall als ein abschreckendes Beispiel für Vertrauen und Passivität. Nach fast 40 Jahren intensiver ehrenamtlicher Tätigkeit in einer christlichen Einrichtung erhalte ich ohne Vorwarnung die Mitteilung: *Wir haben Strafanzeige gegen Sie wegen Missbrauch gestellt. Sämtliche Tätigkeiten für die EGL sind ihnen mit sofortiger Wirkung untersagt.*

Unerfahren und unbedarft wie ich war, wusste ich 2010

bei der Anklagemitteilung nicht, an wen ich mich zu einer qualifizierten Beratung wenden könnte. Ich weiß es auch heute noch nicht, aber es soll Einrichtungen dafür geben. Man muss allerdings auf die Suche gehen um die richtige Stelle zu finden.

Schon um diese Erkenntnisse bekannt zu machen, wäre es wichtig, wenn das Thema »Risiko im Ehrenamt« in der Öffentlichkeit aufgegriffen und diskutiert würde. Betroffenen sollte endlich einmal ein Forum und eine Möglichkeit gegeben werden, um auch unerfreuliche Erfahrungen im Ehrenamt aussprechen zu können. Und hier meine ich nicht die allgemeinen Meinungsverschiedenheiten und Ärgernisse, die überall dort entstehen können, wo Menschen zusammen sind und sich unterschiedliche Meinungen und Standpunkte ergeben können. Je nach Temperament und Toleranz kann man sich friedlich einigen oder auch miteinander in Streit geraten. Meist löst sich so ein Problem einfach dadurch, dass man sich verabschiedet und eine ehrenamtliche Tätigkeit beendet und sich anderen Betätigungsfeldern zuwendet. Gebraucht wird man immer und überall.

Aber wenn es um strafrechtlich relevante Anschuldigungen geht, die unbegründet erhoben werden, dann hilft ein Weggehen und Wegsehen nicht weiter. Dann muss man zielbewusst handeln. Und dazu sollte man nicht aus dem Bauch und dem Gefühl heraus agieren, sondern erst einmal nach den vorhandenen Möglichkeiten der Beratung und Hilfe Ausschau halten.

Kapitel 5

Irrungen und Wirrungen

Juristisch unschuldig und doch weiterhin ein Sündenbock

Staats- und Generalstaatsanwaltschaft fanden keinerlei Begründung, um ein Gerichtsverfahren gegen meine Person anstrengen zu können. Damit gelte ich im juristischen Sinne weiterhin als unschuldig,

Ich schrieb mehrere Briefe an verschiedene Stellen meines »Arbeitgebers«, der EGL, die an meinem *Fall,* im doppelten Sinn des Wortes, mitgewirkt haben. Auszug aus den Schreiben:

Da das Strafverfahren gegen mich nun endgültig auch seitens der Generalstaatsanwaltschaft vom Tisch ist, bitte ich Sie, auch seitens der EGL für einen »reinen Tisch« zu sorgen und die bisher unbeantwortet gebliebenen Schreiben und Fragen zu beantworten. Ich habe die Geschäftsleitung und den Aufsichtsrat darum gebeten, die Angelegenheit nicht noch länger mit Ausflüchten zu verzögern.

Ich erhielt daraufhin ein Sammel-Antwortschreiben mit folgenden erhellenden Aussagen:

Zitat 1: Mit diesem Schreiben reagieren wir auf Ihre diversen Schreiben an uns.

Zitat 2: Eine Rehabilitation Ihrer Person müssen wir ausschließen, da aus unserer Sicht noch eine Reihe offener Fragen bestehen.

Zitat 3: Für kritikwürdig halten wir allerdings Ihr Verhalten während des Verfahrens. Es kann von der Zeugin nur als abwertend und verletzend empfunden werden. Dies ist bei allem Verständnis für die Sie schwer belastende Situation aus unserer Sicht unangemessen.

Diese Reaktion ist nicht akzeptabel

Sämtliche Fragen und Themen aus den vergangenen zwei Jahren wurden mit keinem Wort erwähnt und auch jetzt nicht beantwortet. Ein Fehlverhalten zuzugeben scheint selbst in einem kirchlichen Unternehmen und trotz entsprechender Aussagen in der Bibel undenkbar zu sein.

Und ich frage allen Ernstes: *Wer ist denn hier nun das wahre Opfer? Die Zeugin Coch oder ich als der zu Unrecht Beschuldigte*? Was muss da im Hintergrund für eine merkwürdige Beziehungs-, Manipulations- und Interessenlage bestehen, die solch ein kaltschnäuziges Gedankengut erzeugen kann. Und nun sitze ich an meinem Schreibtisch, kaue verblüfft und ratlos am Bleistift und denke, ich spiele als Teilnehmer in einem falschen Krimi-Film mit.

Was kann oder soll man zu solch einem Brief sagen oder schreiben? Da verbreitet eine junge Frau nun schon drei Jahre lang die absonderlichsten Lügengeschichten über mich, startet eine massive Verleumdungskampagne an meinem Wohnort, ich erhalte eine Strafanzeige und werde aus allen Ehrenämtern entfernt. Um das Ganze zu bewältigen, opfere ich zwangsläufig jede Menge Zeit und Geld für diesen mir aufgezwungenen Unsinn. Ich habe die Zeugin seit über 30 Jahren weder gesehen noch gesprochen noch sonst irgendwie kontaktiert oder Informationen über sie gehabt. In den Ermittlungsprotokollen steht von mir kein Wort über sie, da ich nie vernommen wurde. Es wird wohl ewig ein Rätsel der EGL bleiben, wie man mir daraus die Vorwürfe machen kann, ich hätte mich ungebührlich und belastend gegenüber der angeblich Geschädigten verhalten. Vielleicht findet es die Zeugin kränkend und belastend, dass sie von Seiten des Beschuldigten und seiner Familie keinerlei Beachtung fand und nach der Anzeige nie eine Reaktion oder Gesprächsangebote an sie gerichtet waren.

Ich gebe es auf, die Handlungsweise dieser EGL-Organisation und deren Personal noch verstehen zu wollen. Auf dieses erschreckend niedrige Niveau der Mitmenschlichkeit will ich mich nicht einlassen. Eine Reaktion auf diesen Brief meinerseits erfolgte nicht.

Aus Schaden sollte man klug werden!

Das Fehlverhalten der EGL hat mir viel Kummer, Leid, Geld- und Ansehensverluste verursacht. Was lag da näher, als die Gesellschaft nach Einstellung des Ermittlungsverfahrens um Schadenersatz und um meine Rehabilitierung zu ersuchen.

Schadensersatz-Forderungen

Das Resultat des Gespräches mit einem RA-Spezialisten für Schadensersatzforderungen war ernüchternd, aber sehr informativ. Ich habe seine Empfehlungen, wenn auch zähneknirschend, akzeptiert. Die wichtigsten Gedanken daraus gebe ich nachstehend »als Lehrstück« in Stichworten wieder:

- Schadensersatz für entstandene Rechtsanwalts-Kosten
  RA: – Ein Ersatz der RA-Kosten seitens der EGL wird nur auf dem Wege eines Vergleiches durchsetzbar sein. Ein Schadenersatz sei allenfalls über einen Zivilprozess bei der Verursacherin der falschen Anzeige, Frau Coch, denkbar, aber sehr aufwändig.

Mein persönlicher Tipp an ähnlich Geschädigte:
Lassen Sie die Finger von einem Zivilprozess! Der Zeitaufwand, der damit verbundene Ärger, die Kosten und das völlig unkalkulierbare aber negative Verhalten der Gegenseite stehen in solchen unklaren Fällen in keinerlei Verhältnis zu dem erreichbaren oder erhofften Erfolg. Und wenn gar eine depressive Erkrankung mitspielt, wird es doppelt teuer und schwierig, weil Gutachten erforderlich werden. Und wer kann schon die Zahlungsfähigkeit der Gegenseite beurteilen und richtig einschätzen, die ja mit eine Rolle spielt?

- Anforderung von Schadenersatz und Schmerzensgeld
  RA: – Durch die sofortige Niederlegung aller ehrenamtlichen Tätigkeiten ist kein materieller Schaden entstan-

den, denn es besteht bei Ehrenamtlichen kein Arbeitsverhältnis und keine Lohnzahlung, sondern allenfalls Aufwandsentschädigungen. Und wenn kein Aufwand mehr entsteht, hat man auch keinen Anspruch auf Ausgleich.
RA: – Es muss eine pflichtwidriges Verhalten der EGL vorliegen und auch nachgewiesen werden.

- Ich verweise auf die mangelnde Sorgfalts- und Fürsorgepflicht der EGL, auf das Gesetz, das meine Anhörung verlangt aber ignoriert wurde und ich nenne weitere ähnliche Argumente.
  RA: Das alles kann man geltend machen, aber es muss damit auch ein materieller und/oder bezifferbarer ideeller Schaden verbunden sein. Und alles muss in einem ursächlichen Zusammenhang mit der Strafsache in der Anzeige stehen.

- Ich mache geltend: Schlaflosigkeit, Magenbeschwerden, Hautausschlag, Bluthochdruck, sonstige gesundheitliche Beeinträchtigungen bei mir und meiner Frau.
  RA: Diese gesundheitlichen und sonstigen Beeinträchtigungen müssen im Detail dargelegt und bewiesen werden. Ein Beweis wäre z.B. ein Tagebuch, in dem die Störungen präzise eingetragen sind oder ärztliche Atteste, die Beeinträchtigungen direkt und ausschließlich als die Auswirkungen der Strafanzeige beschreiben.

Diese detaillierten Nachweise der Zusammenhänge kann ich in Ermangelung einer entsprechenden detaillierten Dokumentation nicht erbringen. Ich werde mich auch hüten, in der Arztpraxis eine Missbrauchsanzeige auch nur anzudeuten. Die Buschtrommeln würden im Ort schneller hohe Flammen schlagen, als die Feuerwehr löschen könnte.

- Durch das Verhalten der EGL wurde eine Mitschuld an den Kosten verursacht
  RA: Ein Gericht wird den entsprechenden Anteil der EGL ermitteln wollen, den Anteil von Frau Coch heraustrennen und ggfs. auch das eigene Mitverschulden des Beschuldigten einschätzen. Das dürfte sehr schwer und langwierig sein und die EGL ganz sicher zum Widerspruch des Ergebnisses verleiten. Dazu ist auch völlig offen, wie hoch das Gericht einen Schaden veranschlagt und aufteilt. Der evtl. erzielte Geldbetrag wird sicherlich die Kosten des Verfahrens nicht abdecken. Die Schädigung von Ehefrau und anderen Familienmitgliedern zählen nicht, da diese nicht unmittelbar von der Anzeige betroffen sind.

- Die Erfolgsaussichten eines Gerichtsverfahrens sind sehr gering.
  RA: Es ist zwar ein Tatbestand gegeben, aber der Nachweis eines Schadens mit Kosten-Ersatzansprüchen dürfte sehr schwierig sein, denn nur ein Fehlverhalten der EGL muss der Grund des Schadens sein. Man müsste mindestens ein Gutachten erstellen lassen. Aber damit hat die EGL nichts zu tun, daher sind die Kosten von Ihnen selbst zu tragen. Ein Verfahren wäre demnach nur dann

empfehlenswert, wenn Sie zu viel Geld haben und Spaß an langwierigen Prozessen. Zu bedenken ist auch der persönliche Aufwand an Zeit und die *monatelange* geistige Auseinandersetzung mit solch einer Problematik.

So etwas kann ich weder mir noch meine Frau aus nervlichen Gründen zumuten. Ich habe auch keine Lust, mein sauer verdientes Geld für sinnlose Scharmützel zu verplempern.

Fazit des Gespräches: Ich werde keine Zeit- und Geldmittel mehr für einen »Sieg« über diese Gesellschaft aufwenden.

(Diese Zusammenfassung wurde geschrieben anhand meiner Aufzeichnungen während des Gespräches am 8. März 2012.)

Ein Schlichtungsversuch

Aber es fand doch noch ein persönliches Gespräch mit einem Mitglied der Geschäftsleitung der EGL statt, am Reformationstag, 31. Oktober. 2012. Und wieder konnte ich etwas sehr Interessantes lernen. Seit Vorlage der Anzeige führe ich Beschwerde an den verschiedensten Stellen, warum man mir gemäß den geltenden Richtlinien und Gesetzen nicht vor der Anzeige die Gelegenheit zu einer Stellungnahme gewährt hat. Und nun, nach fast drei Jahren, erklärt man mir, es hätte genügend Einladungen zu Gesprächen und Stellungnahmen gegeben. Ich hätte sie aber alle abgelehnt. Eine Vorlage von Beweisen für diese kühne und unwahre Behauptung bleibt mein Gesprächspartner allerdings bis heute schuldig. Als schuldig gelte ich im Übrigen bei der EGL immer noch, denn meine Unschuld sei ja nicht erwiesen. Eine Einstellung des Verfahrens und die Ablehnung einer Gerichtsverhandlung mangels Tatbestand sei kein Freispruch. Meint man dort. Logisch, denn man benötigt ja immer noch einen Täter.

Merken Sie, wie wichtig es ist, sich als Unschuldiger selbst aktiv um eine Strafsache zu kümmern? Merken Sie aber auch, dass in einem Verfahren oftmals im Hintergrund Kräfte mitwirken, von denen wir einfachen Bürger gar keine Ahnung haben und die wir kaum für möglich halten?

So ging man in der Sache ergebnislos wieder auseinander, ohne Streit und ohne Rechthaberei. Es war der Reformationstag und nach diesem Besuch versprach ich meiner Frau, die bei dem Gespräch auch zugegen war, mein Verhalten zu reformieren und ab sofort kein Wort und keine Frage- und- Antwort-Versuche mehr in diese Angelegenheit zu investieren. Der Fall ist für uns beendet.

Nicht zu glauben, aber doch wahr! Leider konnte ich mein vorgenanntes Versprechen nicht einhalten. Am 3. Januar 2013 erhielt ich ein Schreiben der EGL. Darin wurde ich darüber informiert, dass meine 1976 in einer Ernennungsurkunde erteilten Bevollmächtigungen zu bestimmten Diensten widerrufen werden sollen. Nun nahm der Fall tatsächlich eine völlig obskure Dimension an. Wer konnte mir jetzt noch Recht verschaffen? Für Streitigkeiten mit kirchlichen Einrichtungen gibt es das *Kirchliche Verfassungs- und Verwaltungsgericht*. Dort reichte ich am 26.1.2013 eine Beschwerde gegen den beabsichtigten Widerruf meiner Bevollmächtigungen ein. Gleichzeitig stellte ich den Antrag auf Rücknahme des noch immer bestehenden Verbotes von ehrenamtlichen Tätigkeiten innerhalb der EGL. Ich übermittelte eine zweiseitige Begründung meiner Unschuld und die entsprechenden Beweisunterlagen dazu.

Die Antwort dieser hohen richterlichen Instanz entsprach leider ganz meinen Erwartungen.

- Ich erhielt eine Rechtsmittelbelehrung.
- Meine Beschwerden seien unzulässig.
- Zunächst sei es erforderlich, dass die EGL-Leitung über den Widerruf entscheidet.
- Eine Untersagung des Widerrufs sei juristisch nicht möglich.
- usw. usf.

Schluss-Satz: *Wir gehen davon aus, dass Sie nach dieser Rechtsbelehrung nicht mehr auf eine Entscheidung durch unser Verwaltungsgericht bestehen. Mit freundlichen Grüßen.*

Gerne erfülle ich diesen Wunsch und verzichte auf weitere Kontakte zu dieser hilfsbereiten Institution.

Man muss auch mal verlieren können

Denken Sie realistisch! Scheitern ist bei vielen Projekten wahrscheinlicher als recht zu bekommen oder gar so zu gewinnen, wie man sich das vorstellt und wünscht. Das Leben erfüllt nun mal unsere Vorstellungen und Wünsche nicht unbedingt, auch wenn sie noch so gut begründet und berechtigt sind. Auch auf dem Rechtswege nicht. Man muss erkennen und akzeptieren können, wenn eine Sache so verfahren ist, dass es keine Gewinner und Verlierer mehr geben kann. Immer dann, wenn der Stärkere gewinnen will oder gewinnen muss, zieht der Schwächere den »Schwarzen Peter«. Beobachten Sie einmal als Beleg für diese Aussagen die Streitigkeiten z.B.

- Versicherung gegen Versicherungsnehmer beim Streit in Schadensfällen
- Bankberater gegen Geldanleger nach einer strittigen und verlustbringenden Beratung
- Baufirmen gegen Reklamationen bei Pfusch am Bau
- Arbeitgeber gegen Arbeitnehmer bei ungerechtfertigten Kündigungen usw.

Der Stärkere hat die besseren Rechtsanwälte, mehr Geld und einen längeren Atem, mit dem er durch alle Instanzen gehen kann und die stärkeren Nerven, denn Personen sind meist nicht persönlich betroffen, sondern das Unternehmen lässt andere (RA) für sich wirken.

In der Tanzschule kommt es manchmal vor, dass einer dem anderen auf die Füße tritt. Um Ärger und Streit zu vermeiden haben wir lernen müssen: *Wer oben steht hat immer Recht*. Dass diese Regelung auch außerhalb der Tanzschule im Umgang mit Vorgesetzten oder gar mit stärkeren Gegnern genau so gültig ist, das musste ich erst noch lernen. Und es stimmt!

Die Folgen unredlichen Handelns

Der brave Bürger denkt: Eigentlich sollte es doch eine der Hauptaufgaben von christlichen Organisationen sein, wenigstens die Kernpunkte der Frohen Botschaft Gottes aus der Heiligen Schrift zu kennen und möglichst auch danach zu handeln, z.B.

- dafür Sorge zu tragen, dass sich Lebensqualität und Lebensfreude ausbreiten,
- dass der innere und äußere Frieden gefördert werden und vor allem,
- dass die Liebe zum Nächsten deutlich wird und sich entfalten kann.

Die in vielen Kirchen und Gemeinden stetig zurückgehende Anzahl der Mitglieder und Gottesdienstbesucher zeigt jedoch, dass diese Kernaufgaben offenbar vernachlässigt und nicht deutlich erkennbar gemacht werden. Die Menschen spüren es, wenn äußerer Schein und Verhaltensformen, wenn Wort und Tat nicht übereinstimmen. Auch wenn ich selbst unmittelbar davon betroffen bin, kann ich doch sagen: Es ist zwar völlig in Ordnung, wenn alle Kirchen und ihre Unterorganisationen bei Verdacht von Missbrauch die Staatsanwaltschaft einschalten.

Es ist jedoch nicht akzeptabel, wenn man es unterlässt, den Beschuldigten vor der Strafanzeige zu informieren und ihm die Gelegenheit zur Stellungnahme zu gewähren.

Es ist nicht akzeptabel, nur die Anschuldigungen der einen Seite zu hören und die Gegenseite zu ignorieren, auszublenden und leichtfertig als Schuldige abzustempeln.

Es ist nicht akzeptabel, wenn die für die Anzeige verantwortlichen Personen einhellig die Meinung vertreten, dass die Abwägung von Argumenten nicht Sache der Organisation sein könne sondern ausschließlich Aufgabe der staatsanwaltlichen Ermittlungen sei, wobei man sich offen lässt, ob man deren Ergebnisse dann akzeptiert oder nicht.

Eine solche Auffassung von jemandem zu hören, der die Gesetze im eigenen Hause ignoriert, zeigt eine so scheinheilige und eiskalte Geisteshaltung, dass es jeden treuen Christen bis ins Mark erschaudern lassen würde, wenn dieses Verhalten öffentlich wird.

Verrat an Grundsätzen der Christlichen Pfadfinder

In meiner Jugendzeit habe ich als Pfandfinder deren Gruß gelernt und bis heute zu einer Grundhaltung meines Denkens und Handelns gemacht:

Daumen über den kleinen Finger legen und die drei mittleren Finger hoch strecken. Das bedeutet: Der Stärkere schütze den schwachen Kleinen und Einigkeit macht stark.

Und was muss ich erleben? Genau das Gegenteil. Die starke EGL haut mich als schwaches Mitglied in die Pfanne und wirft mich aus der Gemeinschaft der Mitarbeiter und Nutzer hinaus. Das ist das traurige Ende einer jahrzehntelangen Freundschaft. Aber an meinem Pfandfindergruß halte ich trotz dieser Enttäuschung unbeirrt fest. Ein paar »schwarze Schafe« können nicht das gesamte gute und segensreiche Wirken der Kirchen in Frage stellen. Ebenso wenig können eine Anzahl rüpelhafter Autofahrer nicht die gesamte Autoindustrie und den Straßenverkehr in Verruf bringen.

Dazu fällt mir spontan die Bemerkung eines klugen Beobachters ein, der sagte mir einmal mit ganz allgemeiner Gültigkeit: *Ihr habt Freude daran, Gesetze zu erlassen, doch noch größere Lust bereitet es euch, sie zu ignorieren und zu brechen. Man könnte es mit Kindern vergleichen, die am Meer spielen und immer wieder Sandburgen bauen, um sie dann unter lautem Gelächter wieder zu zerstören.*

Stimmt diese Weisheit? Ohne lange suchen zu müssen, fielen mir die folgenden Informationen aus den Medien in die Hände:

Schlechte Beispiele machen Schule

Verurteilt ohne angehört zu werden (Quelle: FNP 28.11.11)
Der frühere Bundeskanzler Helmut Schmidt hat die Ablösung des »Gorch-Fock« Kapitäns N. Schatz kritisiert. An die Adresse des damaligen Verteidigungsministers sagte er: *Sorge dafür, dass die Vorschriften eingehalten werden. Zu den Regeln gehört beispielsweise auch, dass über niemanden der Stab gebrochen wird, ehe er angehört wurde!*

(Ist es nicht erstaunlich, wie rasch schlechte Vorbilder bis in das Verteidigungsministerium hinein wirken?)

Jörg Kachelmann arbeitet wieder als Wettermoderator bei Radio Basel (Quelle: dpa)
Der Chefredakteur des Senders sagte zu den diesbezüglichen Anfragen: *Solange Kachelmann nicht verurteilt ist, gilt weiterhin die gesetzlich geregelte Unschuldvermutung.* (Schade dass gewisse Personen in der EGL so etwas offenbar noch nie gehört haben.) Und auch das Folgende nicht: Kachelmann selbst äußerte Mitte November 2011 gegenüber der Presse: *Falschbeschuldigungen sind immer etwas Verheerendes. Man durchlebt die Hölle. Und selbst nach einem rechtskräftigen Freispruch wie bei mir, kann man nicht mehr dort weitermachen, wo man vorher aufgehört hat.*

Lehrerin steckt Schülerin Bleistift in den Ausschnitt (Quelle: FNP 25.8.12)
Eine Lehrerin ermahnte eine Schülerin mehrfach wegen ihrer offenherzigen und aufreizenden Kleidung im Unterricht. Sie möge bitte in der Schule angemessene Kleidung tragen, wie die anderen Schülerinnen auch. Vergeblich. Als es der Lehrkraft reichte, steckte sie der 15-jährigen einen Bleistift ins ungebührlich tief ausgeschnittene Dekolleté. Ein Amtsgericht hat daraufhin ein Verfahren wegen Beleidigung gegen die Lehrerin erhoben und sie zu 400 Euro Geldbuße verdonnert. Nun prüft das staatliche Schulamt, ob auch noch dienstrechtliche Konsequenzen erforderlich sind.

Wer jemals in Verein oder Kirche mit Jugendlichen oder

prozessfreudigen Erwachsenen zu tun hatte oder noch hat, der sollte sich des zunehmenden Risikos voll bewusst sein, bei Reklamationen und Beschuldigungen jeglicher Art völlig alleine «im Regen« zu stehen und auch alle durch ein angebliches Fehlverhalten entstehenden Kosten selbst tragen zu müssen.

Lehrer saß fünf Jahre lang
unschuldig in Haft (Quelle: FNP u.a. Medien)
Viel zu spät stellte sich heraus, dass das angebliche Opfer einer Missbrauchshandlung gar kein Opfer war, sondern dreist gelogen hatte und die ganze Missbrauchsgeschichte als Grundlage für eine Strafanzeige frei erfunden war. Der beschuldigte Lehrer hatte immer wieder seine Unschuld beteuert. Vergeblich. Niemand, weder in den Schulbehörden, noch bei den Ermittlungen und auch nicht vor Gericht, wollte ihm glauben. Jetzt, nach fünf Jahren Gefängnis, stellt das Gericht aufgrund von zufällig vernommenen Äußerungen der angeblich Geschädigten fest, das vermeintliche Opfer habe ein »an sich kaum glaubhaftes Geschehen« geschildert. Es wurde vom Richter zugegeben, dass in diesem ganzen Verfahren *viele Fehler* gemacht worden sind. Der Lehrer saß wegen der *angeblichen* Vergewaltigung seiner Kollegin jahrelang hinter Gittern. Sie wollte seinen Job haben und bekam ihn auch. Er *musste* die Strafe voll absitzen, weil er die vermeintliche Tat nicht gestanden hat. Nun droht der Lehrerin wegen ihrer Falschaussagen eine Anklage.

Das tragische Schicksal des Lehrers wird auch den Landtag beschäftigen. Man will u.a. wissen, wieso der Mann trotz erwiesener Unschuld nicht wieder in den Schuldienst eingestellt wurde. Leider hat er nichts mehr davon, denn der 53-jährige ist im Juli 2012 im Saarland an Herzversagen verstorben. Ein Zusammenhang der Todesursache mit seiner langen Leidensgeschichte wurde aus medizinischer Sicht abgelehnt. Begründung: Es gibt noch keine wissenschaftliche Untersuchungen, welche Schäden in und an einem Menschen verursacht werden, der aufgrund einer falschen Anklage jahrelang den Weg durch die Hölle erleben und seelisch verkraften musste.

Ich wage es kaum zu hinterfragen, was da wohl für ein Ermittlungsverfahren abgelaufen ist und was für einen Rechtsbeistand sich der verklagte Lehrer tragischerweise engagiert hat. Der Fall wurde übrigens vom Sender »Tagesschau24« unter dem Titel »Unschuldig im Gefängnis« im Juli 2011 dokumentarisch aufgearbeitet.

Es gibt eine alte Volksweisheit die sagt: Hoffen und Harren machen manchen zum Narren. Darum

- verlassen Sie sich nicht darauf, dass Ihre Angelegenheit sowohl von Ihrem Rechtsanwalt als auch von den Ermittlungspersonen optimal und zielstrebig abgearbeitet wird,
- liefern Sie sich nicht bedenken- und gedankenlos den Aktivitäten und Gedankengängen anderer, Ihnen meist unbekannter Personen, aus,
- achten Sie darauf, dass Ihr entlastendes und unanfechtbares Material von Ihrem Verteidiger auch wirklich an die Staatsanwaltschaft übergeben und dort zur Kenntnis genommen wird,

- und wenn »alle Stricke reißen«, sollte man die Reißleine ziehen und Hilfe durch die Aufmerksamkeit in den Medien suchen.

Ich lebe im schönen Hessenlande, und ich wollte gerne wissen:
Wie handeln eigentlich die anderen?

Ich schrieb einige Briefe, worin ich kurz die merkwürdige Behandlung der Strafanzeige der EGL schilderte. Ich bat um Auskunft darüber, wie solche oder ähnliche Fälle bei den Brief-Empfängern behandelt werden. In den **Antworten** trat positiv Überraschendes zu Tage:

- **Die Dachorganisation** der EGL in Deutschland antwortete, hier verkürzt wiedergegeben: Wir haben 2002 in Abstimmung und Übereinstimmung mit den verantwortlichen Landesstellen Hinweise zum Umgang mit Fällen des sexuellen Missbrauchs erarbeitet. Diese kann man einsehen im Internet unter www.ekd.de/missbrauch/hinweise.html. (Dort findet man nun die neueste im Jahre 2012 verabschiedete Version.)

Aber die eigentliche Entscheidung zur Anwendung unserer Empfehlungen liegt immer bei den einzelnen und selbständigen Mitgliedern. Wir sind als Dachorganisation nicht weisungsbefugt. Zum Erfahrungs- und Informations-Austausch finden mehrmals im Jahr von uns einberufene und geleitete Referentenkonferenzen statt, an denen auch der Vertreter aus Hessen teilnimmt. Bisher hat dieser den gemeinsam erarbeiteten Empfehlungen stets zugestimmt.

Stellt sich ein Verdacht als unbegründet heraus, muss das zuständige Leitungsgremium alles nur Mögliche zur Rehabilitation des zu Unrecht Verdächtigen tun. Damit kann man allerdings nicht rückgängig machen, dass das Leben des Betroffenen »vorübergehend zur Hölle wurde«.

Mit freundlichen Grüßen.

Interessant ist hierin auch der Satz aus Kapitel II, Absatz C (verkürzt): VOR der Erstattung einer Anzeige *muss* dem Beschuldigten die Gelegenheit zur Stellungnahme gegeben werden. Eine Verletzung dieser Fürsorgepflicht kann erhebliche Schadensersatzansprüche auslösen.

- Der Landesbezirk Hannover schreibt:
  Wir verweisen auf das gerade weiterentwickelte und neu veröffentlichte Präventionskonzept, das von uns strikt beachtet und eingehalten wird.
- Der Landesbezirk Stuttgart betont:
  Wir halten uns an die von der Konferenz verabschiedeten Empfehlungen.
  Bei uns gehen die Fälle zügig in die zuständige Beschwerdekommission.
  Im Rahmen des Disziplinarverfahrens wird der Beschuldigte mit den Vorwürfen gegen ihn konfrontiert. Der Beschuldigte kann vor der Einschaltung der Staatsanwaltschaft Stellung nehmen. Eine sog. Plausibilitätsprüfung, d.h. Prüfung auf den Wahrheitsgehalt einer Verdächtigung, findet immer statt.

- Die Landesbezirke in München, Düsseldorf, Kassel u.a. antworteten übereinstimmend:
  Wir verfahren in der von der Dachorganisation empfohlenen Form. Keiner der Landesbezirke stellt einen Strafantrag, ohne zuvor mit dem Beschuldigten gesprochen und um Stellungnahme gebeten zu haben.
  Und erneut steht die Frage im Raum: Aus welchem Grund fällt man in meinem Fall aus dem allgemein üblichen und gültigen Rahmen heraus? Auch hier drängt sich zwangsläufig der Verdacht auf, dass man mit allen Mitteln einen Schuldigen erzeugen will und erzeugen muss.

Der Stein der Weisheit

In der Bibel steht im Evangelium des Johannes, Kapitel 8, Verse 3-11, eine sehr interessante Geschichte. Wir können eine Situation miterleben, die so ganz anders verläuft, wie man das nach unseren Maßstäben erwartet und denkt.

Da bringen »fromme« Männer eine Frau zu Jesus, die man auf frischer Tat beim Ehebruch ertappt hat. Nach dem jüdischen Gesetz (siehe 3. Mose (Levitikus) Kapitel 20, Vers 10) ist die Frau zu steinigen, d.h. sie muss von mehreren Personen so lange mit Steinen beworfen werden, bis sie tot ist. Was sollen wir mit der Frau tun, fragen diese Theologen scheinheilig?

Wie reagiert Jesus darauf? Nach einiger Zeit des Schweigens sagt er: Wenn es das Gesetz so verlangt, dann steinigt sie, ***aber*** *nur derjenige unter euch, der ohne Schuld ist, derjenige, der in* *seinem Leben noch nie Mist gebaut und keine Fehler gemacht hat, der soll oder darf den ersten Stein auf sie werfen.*

Jesus beschönigt nichts, er macht keine Diskussion, er holt auch keine langatmigen Gutachten ein, z.B. wo eigentlich der am Ehebruch beteiligte Mann war. Aber er hält diesen »frommen« Leuten einen Spiegel vor Augen und vor das Herz. Offensichtlich glauben diese Männer, sie müssten ihre ganze Autorität und Frömmigkeit dadurch unter Beweis stellen, dass sie mit unnachgiebiger Strenge, mit Anklage und Verdammungsurteilen einen Beschuldigten behandeln. Hart wie Stein kann das Verhalten, das Herz, das Denken und Handeln von Menschen werden, wenn sie über (angebliche) Verfehlungen anderer nur nach dem Buchstaben des Gesetzes oder gar aufgrund eines eigenen Verhaltenskodex urteilen und verurteilen können. Niemals würde solchen Entscheidungsträgern in den Sinn kommen, dass wahre Autorität und Glaubwürdigkeit etwas Wesentliches mit menschlichem Mitgefühl und Einfühlungsvermögen zu tun haben. Man klagt lieber unbarmherzig an als nach Wegen zu suchen, die für den anderen barmherzig sind. Ihre Aufgabe und Ziel sollte es doch sein, einen Menschen zu bessern, ihm zu helfen anstatt ihn fertig zu machen und aus seiner Gesellschaft zu eliminieren.

Wo ist ein Werfer? Von wo oder von wem fliegt der erste Stein, fragten die Menschen damals, als nichts geschah, als keine Steine flogen. Die frommen Ankläger, die gesetzestreuen Pharisäer und Juristen haben sich alle, einer nach dem anderen, heimlich, still und leise aus dem Staube gemacht und sich verdrückt.

Der Stein der Weisheit im Zusammenleben von Menschen, das ist der Stein, der nicht geworfen wird. Solche Steine können auch harte, unversöhnliche Worte sein, die wir anderen nicht an den Kopf werfen, oder Vorverurteilungen und Anzeigen, mit denen wir nicht bedenken-, gedanken- und gnadenlos das Leben eines Menschen belasten oder gar ruinieren.

Eigentlich sollte man annehmen, dass die Anzeigenbefürworter in der EGL diese Geschichte aus der Bibel kennen und wissen, dass sie aufgeschrieben wurde um ein Vorbild für das eigene Verhalten zu bekommen. Das ist leider in Vergessenheit geraten. Gott sei es geklagt.

Wenn man von einer ehrenrührigen Strafanzeige getroffen wird, dann hört man automatisch die innere Stimme, die dem Betroffenen einflüstert: *Jetzt gehörst du nicht mehr dazu.* Damit beginnt die Vereinsamung, denn jede Grenze beginnt im Kopf oder im Herzen. Und da lassen wir uns oft von begründeten aber auch meist unbegründeten Ängsten bestimmen. Und wenn wir solche Grenzen erst in uns tragen, dann finden wir sie auch bald um uns. Türen schließen sich und Trennungen wachsen. Es beginnt ein schmerzhafter Verlust von Vertrauen und Verbindungen. Lebensfreude und Lachen ziehen sich langsam aber sicher zurück. Wie hilfreich wäre hier ein verständnisvoller Zuspruch: *Trotz allem gehörst du selbstverständlich noch dazu. Du bist noch immer ein wertvoller Mensch für uns und ein wichtiger Teil des Ganzen.*

Wenn man Kummer und Leid über erlebtes Unrecht verdrängt, dann beginnt es uns von innen heraus negativ zu beeinflussen, zu verändern oder gar zu zerstören. Darum beschäftigen Sie sich unbedingt mit etwas Positivem und mit schönen Dingen. Suchen Sie die Gesellschaft von Menschen, die einen guten, erbaulichen Einfluss auf Sie bewirken können. Und scheuen Sie nicht zurück, wenn der Kummer Sie zu Fragen zwingt, die Sie sonst nicht gestellt hätten, z.B. »Was ist der Sinn, dass ich Kummer und Undankbarkeit erfahren muss?«, oder »Welche neue Möglichkeiten und Chancen bieten sich mir nun, nachdem ein bisheriges Engagement ein Ende gefunden hat?« Wenn Sie über solche Fragen positiv nachdenken, dann spüren Sie, welche ungeahnten Energien in Ihnen freigesetzt werden. Ich konnte diese Erfahrungen machen. Sie können das auch.

Der kleine Hund

Ein Gesang zum Loslassen

Es war einmal ein kleiner Hund, ganz hungrig und verzagt.
Einen alten Knochen hatte er noch, doch der war abgenagt.
Den hielt er mit den Zähnen fest, und gab ihn keinem her.
Der roch zwar noch nach etwas Fleisch, doch sättigte er nicht mehr.

Auf welche Weise gibt der Hund wohl seinen Knochen her?
Halt ihm doch mal ein Kotelett hin, dann fällt die Wahl nicht schwer.
Er wählt ganz flink das bessre Teil und lässt den Knochen los
und stürzt sich auf das schöne Fleisch. Nun ist die Freude groß.

Lach nicht zu laut über diesen Hund, sonst lachst du über dich.
Auch du hältst einen Knochen fest: dein tief gekränktes Ich.
Doch Gott bietet dir viel Bessres an, drum lass das Alte sein!
Genieß das Leben, das er schenkt, du bist nicht mehr allein!

Das Missbrauchs-Drama mit der EGL hätte wahrscheinlich noch lange gedauert. Das wollte ich jedoch nicht. Es fand sein Ende im Juli 2013 durch einen Kompromiss- Vorschlag von meiner Seite, bei dem beide Parteien ihr Gesicht wahren konnten.

Kapitel 6

Probleme im Ehrenamt – doch was kommt danach?

»Weise Sprüche und gute Lehren, soll man tun und nicht nur hören!«

Drei Faktoren entscheiden über unser Schicksal

1. Wie verhalten sich unsere Familie, Freunde und Mitmenschen, wenn eine unerfreuliche Situation auftritt?

Sehr hilfreich ist es,

- Menschen zu erfahren, die unser Verletztsein spüren und sich trotzdem nicht abwenden.
- Menschen zu begegnen, die behutsam mit uns umgehen.
- Menschen zu vertrauen, die sich nicht beirren lassen in ihrer Meinung über unseren guten Charakter.
- Menschen zu suchen, von denen Ermutigung ausgeht.
- Menschen zu suchen, die auf unser Lächeln freundlich zurücklächeln, uns fröhlich zurückwinken, unsere Freude teilen und erwidern.
- Lassen Sie sich überraschen, bei wie vielen Gelegenheiten man solche Freudemacher und Aufmunterer plötzlich entdecken kann, wenn man darauf achtet.

2. Wie reagieren wir selbst auf die neue Situation?

Mit guten Gedanken und Wünschen aus Irland:

- Dein Leben wird nicht ohne Beschwernis sein, aber ich wünsche dir, dass deine Lasten tragbar sind.
- Dein Leben wird nicht frei von Angst sein, aber ich wünsche dir, dass das Erschrecken nicht überhand nimmt.
- Dein Leben wird nicht unberührt bleiben von Traurigkeit, aber ich wünsche dir, dass du findest, was dich wirklich tröstet.
- Die Tür zur Freude möge dir offen stehen, und der Reichtum des Herzens deine Tage mit Sinn erfüllen.
- Ich wünsche dir, dass das Leben gut zu dir ist.

3. Nutzen wir die Chance, dem Leben eine neue Sinn-Frage zu stellen?

Eine der hilfreichsten Wege, die aus Kummer und Traurigkeit herausführen, ist es, wieder einen neuen Lebensinhalt zu finden, denn der Mensch ist nicht auf Glück sondern auf Sinn angelegt. *Entscheidend ist nicht, was du bist, sondern was du daraus machst.*

Zwei Beispiele mögen das deutlich machen:

a. Ein gelähmter Mensch, der sich nach einem Unfall nur noch im Rollstuhl vorwärts bewegen kann, *könnte* jammern, wehklagen und sich selbst bemitleiden. Alle seine

Freunde und Bekannten würden ihn bedauern und ihn verstehen. Aber was nützt ihm das? Macht es ihn glücklicher? Bringt es ihm das froh machende Gefühl, gebraucht zu werden, wertvoll und nützlich zu sein? Ganz sicher nicht.

Er könnte sich andererseits auf seine besonderen Fähigkeiten besinnen und konzentrieren, z.B. auf seine brillanten Denkfähigkeiten, seine Begabung, Sachverhalte und Zusammenhänge gut erkennen und erklären zu können, auf sein Talent, ein guter Zuhörer und Gesprächspartner zu sein und die Gabe, sein Wissen und seine Lebenserfahrungen an andere weiterzugeben. Der Fantasie sind keine Grenzen gesetzt, um das Beste an sich zu entdecken und zu entwickeln.

b. Die wegen Kinderlähmung behinderte Margarete Steiff verkümmerte nicht trübselig in einem Rollstuhl, sondern sie gab sich einen Ruck und überlegte, was sie aus oder trotz ihrer Behinderung machen konnte. Und sie entwarf und entwickelte Stofftiere, um Kindern eine Freude zu machen. Die Figuren sind längst schon weltweit verbreitet und berühmt. Viele Familien haben Arbeit und Brot durch deren Produktion gefunden und unzählige Kinder freuen sich mit den herzigen Spielkameraden. Entscheidend war nicht, wie behindert Margarete Steiff war, sondern was sie daraus Sinnvolles, Wertvolles entwickelt und gemacht hat.

Darum ist die Frage, die sich jeder selbst stellen sollte, so wichtig:

Was kann ich so gut, dass ich es besser zur Geltung bringen sollte?

Womit »lähme« ich mich selbst?

Unser Unterbewusstsein ist wie ein wundervoller, fruchtbarer Garten. Alles, was wir da hinein pflanzen, beginnt zu wachsen und zu wuchern. Und am stärksten wachsen die Pflanzen, denen wir die größte Aufmerksamkeit und Pflege zukommen lassen.

Wollen wir, dass unsere großen belastenden Probleme wachsen? Wollen wir unser Leben von Menschen bestimmen lassen, die uns Unrecht getan und damit innerlich verletzt haben? Wollen wir uns den Schneid abkaufen lassen, das Selbstwertgefühl verlieren und unserem Lebensumfeld mit Jammern, Klagen und Selbstmitleid auf die Nerven gehen? Dann hat der Feind gewonnen, und wir sind sehr rasch einsam und verlassen.

Wenn wir aber lieber die angenehmeren Früchte des Lebens ernten wollen, dann müssen wir im Garten des Unterbewusstseins auch die richtigen Gedanken pflegen. Und das sollten *nicht* die unfruchtbaren Problempflanzen und die negativen Rachegedanken über die Peiniger unseres Lebens sein!

Ein kluger Mensch kam einst zu folgender Erkenntnis: Wenn du dich streitest, ärgerst, wütend, zornig und voller

Vergeltungsdrang bist, fließt deine wertvollste Energie unmittelbar zu der Person, die dir Probleme bereitet und das Ziel deiner Ärgernisse ist. Darum beobachte einmal gespannt, wie du dich nach einem »Wutanfall« fühlst. Vielleicht vorübergehend etwas erleichtert, aber fühlst du dich auch nachhaltig gestärkt, ausgeglichen und voller neuer tatendurstiger Energie? Bestimmt nicht.

Mit einer bösartigen Anschuldigung und Verdächtigung kommt auch ein unangenehmer und ungebetener Gast mit ins Haus, die Angst. Ein anderer kluger Mensch sagte dazu: Wer Angst hat, der hat schon verloren, denn die Angst kann ein stark an unseren Kräften zehrendes Gefühl sein. Angst haben heißt sich auf das Falsche zu konzentrieren! Wir vergeuden Energie an etwas, das wir gar nicht haben wollen. Die Energie ist doch viel besser darin investiert, unser Ziel zur Problemlösung zu erreichen. Die Art und Weise, wie wir heute an unsere Problem denken, beeinflusst wesentlich unsere nahe Zukunft.

Man muss nicht Recht–haben–wollen um zu beweisen, dass andere Unrecht haben. Man muss sich frei machen von dem Gedanken, unbedingt nur auf die eine, selbst erdachte und festgelegte Art siegen zu müssen. Schließlich führen ja auch viele Wege nach Rom und zu einem Ziel. Wer oder was kann uns jedoch sagen, ob wir auf einem guten und richtigen Weg sind oder nicht?

- Falsch ist das, was einem oder gar mehreren Menschen Schaden, welcher Art auch immer, zufügen soll oder kann.
- Richtig ist das, was Menschen aufrichtet.

- Richtig ist das, was der Wirklichkeit entspricht.
- Falsch ist das, was die Wirklichkeit verfälscht und ihr widerspricht.
- Richtig ist auch das, was der Liebe entspringt und nicht dem Ärger.
- Richtig ist das Handeln, das nicht von Verachtung oder gar dem Hass geprägt ist, sondern von der Verantwortung und Achtung.

Der Apostel Paulus schreibt in seinem Brief an die damalige Gemeinde in Rom: *Lass dich nicht vom Bösen überwinden und besiegen, sondern überwindet das Böse durch das Gute.* (Römer-Brief, Kap.12, Vers 21)

Sinnvoll leben ist der Dienst am Menschen

Ich möchte mit diesem Buch trotz allem auch weiterhin dafür werben und Mut machen, sich zum Wohle anderer Menschen zu engagieren. Aber ich möchte auch deutlich machen, dass dies nicht nur mit »Friede, Freude, Eierkuchen« verbunden ist, sondern leider auch gewisse Risiken und Nebenwirkungen auftreten können. Und denen sollten Sie sich nicht hilflos und tatenlos oder ohne Handlungsanregungen ausliefern.

Psychologen fanden Folgendes heraus: Das Engagement für andere ist einer der stärksten Motivationen für das Gehirn und die Lebensgestaltung. Die Wissenschaftler sprechen dabei vom sogenannten *Helfers High,* dem Hochgefühl durch Hilfsbereitschaft. Dieses hormonell bedingte Glücksgefühl entsteht immer dann, wenn ein Mensch einem anderen zur Seite steht oder bei der Bewältigung einer Aufgabe oder eines Problems hilft.

Wenn Sie, verehrte Leser, in Ihrem Ehrenamt einmal mit ernsthaften Problemen konfrontiert werden, dann möge Ihnen dieses Buch dabei helfen, gut und fantasievoll über die Runden zu kommen. Und wenn Sie dann auch noch den Gott der Bibel, den Freund des Lebens, als Partner hinzuziehen und ihm Ihr Vertrauen schenken, dann werden Sie als Team unschlagbar sein und Ihr Problem kreativ zu einem für Sie guten Ende führen können.